网店美工装修设计实用教程

张庆凯 编著

人民邮电出版社
北京

图书在版编目（CIP）数据

网店美工装修设计实用教程 / 张庆凯编著． -- 北京：人民邮电出版社，2021.3
ISBN 978-7-115-51791-3

Ⅰ．①网… Ⅱ．①张… Ⅲ．①网店－设计－教材 Ⅳ．①F713.361.2

中国版本图书馆CIP数据核字(2019)第176698号

内 容 提 要

这是一本适合网店美工阅读的网店装修实用教程。本书全方位地讲解了使用Photoshop进行网店装修的技巧和流程，包括网店美工入门基础知识、网店图片的处理技术、活动图片及视频设计与制作、产品详情页设计与制作、店铺首页设计与制作、手机端店铺设计与装修、切图上传与发布图片等。此外，在每一章的最后设置了疑难问题解答，帮助读者简单、直接地总结设计经验。读者可以按照本书的章节顺序学习，配合提供的素材文件进行练习。同时，为方便老师教学，随书附赠教学PPT课件及教学大纲。

本书内容丰富，图文并茂，讲解深入浅出，具有极强的实用性和可参考性。本书面向需要对网店进行整体包装设计以提升店铺形象的淘宝卖家，同时也适合需要学习网店设计和网店装修的设计人员阅读。

◆ 编　　著　张庆凯
　　责任编辑　王振华
　　责任印制　马振武
◆ 人民邮电出版社出版发行　　北京市丰台区成寿寺路11号
　　邮编　100164　　电子邮件　315@ptpress.com.cn
　　网址　https://www.ptpress.com.cn
　　北京天宇星印刷厂印刷
◆ 开本：787×1092　1/16
　　印张：14　　　　　　　　　　　　2021年3月第1版
　　字数：394千字　　　　　　　　　2024年8月北京第6次印刷

定价：59.80元

读者服务热线：(010)81055410　印装质量热线：(010)81055316
反盗版热线：(010)81055315
广告经营许可证：京东市监广登字 20170147 号

前言
PREFACE

随着人们物质生活水平的提高,传统的购物方式越来越不能满足人们的需求。电子商务的兴起和发展给人们带来了更多的选择,人们足不出户就可以购买到自己心仪的产品。随着入驻淘宝的商家越来越多,产品竞争越来越激烈,市场对淘宝设计师的需求越来越多,要求也越来越高。由于客户很难看到实物,只能通过图片或者视频来了解产品,因此产品页面的效果和卖点的解析就需要淘宝设计师通过自己的能力来展现了,一个优秀的淘宝设计师能给店铺带来巨大的收益。

市场巨大的需求量使很多设计师转向电商设计,如平面、网页和印刷等领域的设计师,他们不一定精通电子商务,这也使电商设计师们的能力参差不齐。有很多不是学设计的人也加入进来,没有经过系统的学习,有的只看了一些Photoshop教程就开始做设计,在设计的道路上走了很多弯路。笔者大学学的是设计专业,也工作了很多年,现在以一个过来人的身份给大家介绍一些自己的经验和教训,使大家对电子商务有一定的了解和认识。

本书从构思到完稿花了半年左右的时间,修改了很多遍。本书从初学者的角度由浅入深、循序渐进地讲解,讲解得十分详细,每一步都配有图文解说,可以让大家更好地学习。如果你看文字没有耐心,本书还配有对应的视频教程,以解决你的后顾之忧。全书共有8章,前两章是一些理论基础,后面的几章是主图、详情页和首页等重要页面的设计讲解,将淘宝、天猫店铺的基础组成部分都拆开一一讲解。

这本书中的案例都是笔者这些年积累的实际案例,非常适合一些初学者和中级设计师学习和使用。初学者可以从中了解基本的知识,增强对网店美工的理解;中级设计师可以学习配色、排版等知识。高级设计师不是老师教出来的,"师父领进门,修行靠个人",再往上就得靠设计师自己的努力和天分了。

感谢你选择这本书,希望你能仔细地学习,也希望本书可以给你带来更多实用价值。

编者

资源与支持

本书由"数艺设"出品,"数艺设"社区平台(www.shuyishe.com)为您提供后续服务。
扫描右侧的二维码关注"数艺设"微信公众号可获取附赠资源的下载方式。如果您对本书有任何疑问或建议,请发邮件至szys@ptpress.com.cn。如果您想获取更多服务,请访问"数艺设"社区平台。

目录 CONTENTS

第1章 网店美工入门必读 7

1.1 关于网店美工 8
- 1.1.1 网店美工的定位 8
- 1.1.2 美工必须要知道的事 8
- 1.1.3 图片格式 9
- 1.1.4 网店美工需要掌握的软件 10
- 1.1.5 普通美工和优秀美工的差别 10

1.2 网店的组成 10
- 1.2.1 店铺首页 10
- 1.2.2 列表页 11
- 1.2.3 详情页 11

1.3 网店装修流程 12
- 1.3.1 定方案 12
- 1.3.2 选素材 12
- 1.3.3 处理图片 12
- 1.3.4 做初稿 12
- 1.3.5 定稿切图 13
- 1.3.6 上传图片 13
- 1.3.7 加链接 14
- 1.3.8 发布首页 14

1.4 本章疑难问题解答 14

第2章 色彩、文字、版式一样都不能少 15

2.1 色彩搭配 16
- 2.1.1 色彩的基本属性 16
- 2.1.2 色彩构成 18
- 2.1.3 配色技巧 18
- 2.1.4 店铺风格与色调 19

2.2 文案策划 21
- 2.2.1 文案的重要性 21
- 2.2.2 文案资料准备 21
- 2.2.3 具体策划文案 22

2.3 文案布局 23
- 2.3.1 首页文案排版 23
- 2.3.2 直通车促销文案排版 24
- 2.3.3 详情页文案设计 25

2.4 排版设计 26
- 2.4.1 海报排版 27
- 2.4.2 首页排版 27

2.5 本章疑难问题解答 28

第3章 图片处理技术 29

3.1 多种抠图技巧 30
- 3.1.1 几何形状抠图 30
- 3.1.2 纯色背景抠图 31
- 3.1.3 钢笔工具抠图 32
- 3.1.4 通道抠图 34
- 3.1.5 综合抠图 35

3.2 美化产品 37
- 3.2.1 污点修复画笔工具 37
- 3.2.2 修复画笔工具 38
- 3.2.3 综合处理图片 38

3.2.4 图片精修...................................39
3.3 调色处理..51
　　3.3.1 处理曝光过度的照片............51
　　3.3.2 处理曝光不足的照片............53
　　3.3.3 处理偏色的照片....................54
3.4 图片裁剪..56
　　3.4.1 网店图片的规格....................56
　　3.4.2 自定义裁剪............................56
　　3.4.3 按尺寸裁剪............................57
　　3.4.4 新建对应尺寸的图片文件....58
3.5 图片合成..58
　　3.5.1 简单的主图合成....................59
　　3.5.2 海报图片的合成....................60
　　3.5.3 "掌柜推荐"图片合成..........64
　　3.5.4 给图片加水印........................69
3.6 本章疑难问题解答..........................70

第4章　活动图片及视频设计与制作......71

4.1 主图介绍..72
　　4.1.1 主图设计................................72
　　4.1.2 直通车图片设计....................75
　　4.1.3 钻展图片设计........................78
　　4.1.4 "聚划算"图片设计..............82
4.2 视频拍摄..85
　　4.2.1 拍摄流程................................85
　　4.2.2 构图..86
　　4.2.3 角度..87
　　4.2.4 景别..88
4.3 视频软件..89
　　4.3.1 Premiere介绍..........................89
　　4.3.2 视频制作步骤........................89
4.4 视频制作..90
　　4.4.1 实战演练1..............................90
　　4.4.2 实战演练2..............................94
　　4.4.3 上传视频................................96
　　4.4.4 发布主图视频........................97
4.5 本章疑难问题解答..........................98

第5章　产品详情页设计与制作......99

5.1 前期准备..100
　　5.1.1 向同行学习..........................100
　　5.1.2 分析产品卖点......................100
　　5.1.3 产品图片处理......................100
　　5.1.4 搜集相关素材......................100
5.2 详情页的组成................................101
　　5.2.1 关联图片..............................101
　　5.2.2 详情页海报设计..................101
　　5.2.3 产品卖点解析......................102
　　5.2.4 产品参数展示......................102
　　5.2.5 产品实拍图展示..................102
　　5.2.6 产品细节展示......................103
　　5.2.7 企业介绍..............................103
　　5.2.8 物流与售后..........................104
5.3 实战演练..104
　　5.3.1 花架详情页设计..................104
　　5.3.2 VR眼镜详情页设计............117
5.4 优秀案例展示................................133
5.5 本章疑难问题解答........................134

第6章　店铺首页设计与制作...135

6.1 前期准备..136
　　6.1.1 参考优秀作品......................136
　　6.1.2 搜集素材..............................136
　　6.1.3 产品图片处理......................136
6.2 首页布局..136
　　6.2.1 风格定位..............................136
　　6.2.2 色调选择..............................137
　　6.2.3 模块划分..............................138
6.3 店招导航..138
　　6.3.1 店铺Logo设计......................138
　　6.3.2 企业宣传文案......................140
　　6.3.3 主推产品和收藏..................140
　　6.3.4 导航条设计..........................141
6.4 轮播海报设计................................142

6.4.1 搜集素材 142
　　6.4.2 海报设计 142
6.5 掌柜推荐 145
　　6.5.1 排版设计 145
　　6.5.2 推荐产品制作 146
6.6 产品分类页 151
　　6.6.1 产品分类页排版 151
　　6.6.2 产品分类页制作 151
6.7 产品尾页设计 156
　　6.7.1 店铺宗旨 156
　　6.7.2 添加手机店铺二维码 156
6.8 首页背景 156
　　6.8.1 固定背景 156
　　6.8.2 全屏背景 157
6.9 实战演练 157
　　6.9.1 银饰首页设计 157
　　6.9.2 洗护用品首页设计 168
6.10 优秀案例展示 182
6.11 本章疑难问题解答 184

第7章 手机端店铺设计与装修 185

7.1 手机端界面 186
　　7.1.1 手机端和电脑端界面的区别 186
　　7.1.2 手机端店铺的装修要点 186
7.2 手机端店铺界面设计 186
　　7.2.1 手机端店铺首页后台 187
　　7.2.2 手机端店铺店招设计 188
　　7.2.3 手机端海报设计 189
　　7.2.4 手机端店铺主推产品设计 191
　　7.2.5 手机端店铺的优惠券设计 193
7.3 装修手机端店铺页面 197
7.4 手机端店铺详情页 202
　　7.4.1 导入电脑端店铺详情页 202
　　7.4.2 上传手机端详情页 202
7.5 本章疑难问题解答 204

第8章 切图上传与发布 205

8.1 Photoshop切图 206
　　8.1.1 首页的切图方法 206
　　8.1.2 详情页的切图方法 207
8.2 装修、发布首页 208
　　8.2.1 装修页头 208
　　8.2.2 添加轮播海报 213
　　8.2.3 为推荐产品加链接 215
　　8.2.4 首页固定背景设置 217
　　8.2.5 首页底部装修 218
8.3 给详情页加链接 219
　　8.3.1 添加关联产品 219
　　8.3.2 添加详情页图片 222
8.4 本章疑难问题解答 223

第1章
网店美工入门必读

关于网店美工　　网店的组成　　网店装修流程

1.1 关于网店美工

网店美工是一个区别于其他传统行业的新兴行业，但是又和传统行业紧密相关，介于网站设计和平面设计之间。作为一名网店美工，既要懂得设计排版，也要会写一些代码。随着电商行业越来越成熟，成千上万家的淘宝、天猫店铺应运而生，这么多店铺出现，必然需要大量的美工人员。

美工的入行门槛比较低，有的人看一些教程就以为可以出师了。但是想要成为一名优秀美工，需要付出更多的努力。

在通往优秀设计师的路上，勤于动脑是一个快速提高能力的好方法，先动脑，再动手。Photoshop软件只是一个工具，花上半个月的时间就可以学会，难的是如何利用软件表达出自己的想法。"授人以鱼，不如授人以渔。"希望把我的一些想法和思路分享给广大读者，使大家能够从中收获知识，继而转变成自己的能力，在设计行业慢慢走向成功。

1.1.1 网店美工的定位

网店美工在店铺团队中起着很重要的作用。一个成熟的店铺包含店长、运营、美工、策划、发货员、售后和客服等。美工的工作是把买家看不见的实物通过图片和文字的方式介绍给买家，让买家对产品产生兴趣并下单购买。

网店美工在店铺中起到了承上启下的作用，对上辅助运营做出营销性的图片用来推广，对下针对客服和售后反映的情况做出相应的修改，让店铺健康地经营下去。

1.1.2 美工必须要知道的事

1.各种图片的像素要求

主图、直通车图片的尺寸为 800 像素 ×800 像素，轮播海报图的尺寸为 1920 像素 ×500（或以上）像素。

淘宝首页模块的宽度为 950 像素，天猫首页模块的宽度为 990 像素。

淘宝详情页的宽度为 750 像素，天猫详情页的宽度为 790 像素。

手机端详情页的宽度为 480～640 像素。

2.分辨率

图像分辨率

图像分辨率是指单位长度的图像中存储的信息量，代表每英寸图像内有多少个像素点，分辨率决定了位图图像细节的精细程度。一般来说，图像的分辨率越高，成品尺寸越大，图像越清晰。分辨率的单位为像素/英寸。

可以把整个图像想象成一个大型的棋盘，而所有经线和纬线交叉点的数目是图像像素总数，分辨率是指单位长度上的像素数，如图 1-1 所示。

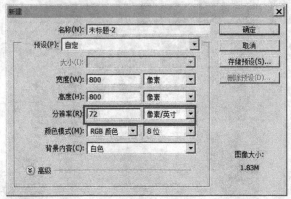

图 1-1 分辨率

显示分辨率

显示分辨率就是单位面积屏幕上显示的像素个数。由于屏幕上的点、线、面都是由像素组成的，显示器可显示的像素越多，画面就越精细，同样的屏幕区域内能显示的信息也越多，所以分辨率是个非常重要的性能指标。例如，分辨率 160×128，就是说水平像素数为 160 个，垂直像素数 128 个。分辨率越高，像素数越多，显示出来的图像越精细。因此在屏幕尺寸一样的情况下，分辨率越高，显示效果就越细腻，如图 1-2 所示。

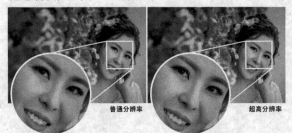

图 1-2 分辨率对比

以分辨率为 1024×768 的屏幕来说，每一条水平线上包含 1024 个像素点，共有 768 条线，即扫描列数为 1024，行数为 768。

显示分辨率不仅与显示屏的尺寸有关，还受点距、视频带宽等因素的影响。其中，它和刷新频率的关系比较密切，严格地说，只有当刷新频率为"无闪烁刷新频率"时，显示器才能达到最高的分辨率，才能称这个显示器的最高分辨率为多少。

1.1.3 图片格式

Photoshop 软件可以导出、支持很多图片格式，淘宝上用到的主要有 JPEG、PNG、GIF 等格式，下面介绍一下经常用到的这 3 种图片格式。

图片在 Photoshop 软件中制作完成后，执行"文件 > 存储为"菜单命令，弹出对话框，"格式"下拉列表中包含了多种图片格式，如图 1-3 和图 1-4 所示。

图 1-3 文件存储为

图 1-4 选择格式

提示

在制作产品图片时，一定要记得保存图片的源文件，方便下次打开继续修改和操作。

作为网店美工，仅仅使用 JPEG 格式图片是不够的。执行"文件 > 存储为 Web 所用格式"菜单命令，如图 1-5 所示，之后弹出存储设置对话框，如图 1-6 所示。

图 1-5 文件存储为 Web 所用格式

图 1-6 存储设置

1. JPEG 格式

JPEG 是最常用的图片格式，它在获取极高的压缩率的同时，还能展示十分丰富生动的细节，大多数有丰富的细节和色彩的图片都会使用 JPEG 格式。在"存储为 Web 所用格式"对话框中，可以设置 JPEG 格式图片品质的高低等参数，如图 1-7 所示。

图 1-7 JPEG 格式参数

2. GIF 格式

GIF 格式的图片一般用于动态展示，动态图片的优点是能快速吸引人的注意力。科学研究表明，人们对动态的东西更感兴趣。但是此格式弊端也很多，由于它最多支持 256 色，很多优质图片存储为 GIF 格式后，质量会严重下降，有很多颗粒，会影响美观，建议存储为 GIF 格式时使用纯色的背景。该格式的参数如图 1-8 所示。

图 1-8 GIF 格式参数

3.PNG格式

PNG格式支持透明背景,是一种无损压缩的图片格式,在保证图片质量的同时,可以减少文件大小。PNG格式分为PNG-8和PNG-24两种类型。因为产品图片一般要求不带背景,所以PNG格式的文件比较多。使用PNG格式的主图、海报和首页应用更方便。PNG格式吸取了GIF和JPEG格式的优点,既支持透明背景又支持多种颜色,是设计图片时常用的格式之一。该格式的参数如图1-9所示。

图1-9 PNG格式参数

1.1.4 网店美工需要掌握的软件

1.Photoshop图像编辑软件

有些人发布照片时,每一张都是经过精挑细选的,再请修图师进行美化。我们做产品图也是一样,买家看不到实物,只能通过图片来了解产品,图片质量直接影响买家的购买率。熟练掌握Photoshop软件是作为一个网店美工应达到的最基本的要求。

2.Dreamweaver网页设计软件

与淘宝首页和详情页关联的很多效果都是Dreamweaver的功劳,网上也出现了很多辅助软件来帮助设计师更好地设计自己的页面。例如,"码工助手"和"小语言设计"等。将图片导入加上链接后导出代码,再复制到首页上就可以实现很多的功能,帮助了很多设计新手。

3.Premiere视频制作软件

淘宝店铺支持在主图、首页和详情页中添加视频。在科技发达的今天,买家可以通过视频更加直观地看到自己心仪的产品,对产品的颜色、大小、功能有了更精确的了解后,退货率会大大降低。Premiere视频制作软件可以对视频进行裁剪、配音、添加字幕等操作,用它可以让客户看到更真实的产品。

1.1.5 普通美工和优秀美工的差别

普通的美工和优秀的美工存在什么差别呢?

普通美工:简单抠图后,加上背景再加上文字,不注重色彩的搭配和文案的排版,卖点全都放在一起,如图1-10所示。

优秀美工:抠图后修图,背景跟产品有一定的关联。文案精练有吸引力、色调统一,风格高端大气,让买家从心里产生信服感,从而愉快地下单,增加产品销量,如图1-11所示。

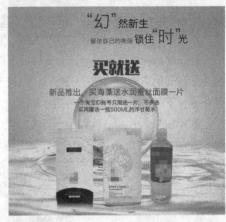

图1-10 普通设计

图1-11 优秀设计

1.2 网店的组成

淘宝店铺主要由店铺首页、列表页和详情页等组成,下面给大家具体讲解一下它们的作用。

> **提示**
> 旺铺扶植版只能装修店铺首页,旺铺标准版及以上版本除了可以装修店铺首页以外,还可以对列表页和详情页进行装修。

1.2.1 店铺首页

店铺首页就是进入店铺后出现的第一个页面,基本框架包括页头、轮播海报、促销区、推荐产品和尾页等,也可以根据自己的需要自定义首页的布局。首页就像公司的网站,要能体现店铺整体设计风格。优秀的首页设计能让客户对产品、企业文化、企业规模和产品特色等有深层次的了解,如图1-12所示。

1.2.3 详情页

详情页就是在单击某一个产品后展示此产品所有相关信息的页面。美观整齐的详情页是吸引顾客眼球的关键,可以提升店铺的自然流量。

详情页决定着一款产品能否热卖。同样的一款产品,价格差不多,买家还会看一下产品的详情页介绍。详情页越详细,越能让买家清楚地了解产品是否适合自己。

详情页最大的作用是吸引顾客,用特点、功能、细节和实物展示等模块打消顾客心里的顾虑,最终促成成交,提高转化率。图 1-14 所示的软装设计产品的详情页,每个产品的详情页都是不同的。

图 1-12 店铺首页模块

1.2.2 列表页

列表页就是单击每一个类别的产品后的页面,页面上都是同类产品,能给客户更多的选择。每一个类目列表下的产品不同,可以方便客户迅速找到自己喜欢的产品,这也是我们需要对产品进行明确分类的原因,如图 1-13 所示。

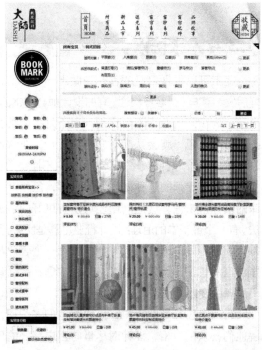

图 1-13 店铺列表页

图 1-14 产品详情页

1.3 网店装修流程

网店美工在设计店铺之前，先要知道具体的工作流程：定方案——选素材——处理图片——做初稿——定稿切图——上传图片——加链接——发布首页。了解了流程之后，设计装修首页时就很容易了。

所谓优秀的店铺，就是有着明确定位，具有强烈风格的店铺。设计这样的一家店铺，首先要对店铺的产品与目标用户进行分析，然后根据分析确定店铺的设计风格和色调等，最后对店铺进行整体的布局。

1.3.1 定方案

定方案是指根据产品的特性，制订出一个可行的方案。可以多参考几家同行店铺，分析它们的优点，取其精华为己所用。

实际上，店铺在整个消费流程中介于产品与用户之间，关系大概是产品——店铺——用户（消费者）。店铺就是这样的一个中介，要从总体去分析它，我们需要从它的上家（产品）和它的下家（用户）入手。产品是店铺的根本，对于产品，我们主要分析的是它的价格和主要功能，从而确定店铺的总体方向。

1.3.2 选素材

根据产品风格，选取对应的图片素材。例如，设计母婴用品的店铺，可以选择一些婴儿和卡通背景等素材。合适的素材对店铺风格影响非常大，初级美工一般不太在意背景的选择，认为抠图后加上背景再做一些效果就可以了，这样的认识是有失偏颇的。好的设计，图片与文案的搭配都是恰到好处的，都有自己的特色。"增之一分则嫌长，减之一分则嫌短。"图1-15 所示是一些优秀的图片素材。

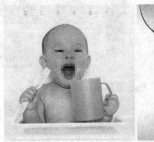

图 1-15 图片素材

1.3.3 处理图片

一般商家提供的图片中，很少是经过后期处理的，这就需要美工进行修图、抠图等处理。买家看不到实物，只能通过图片来了解产品，产品的图片质量直接影响界面效果。如果产品图片质量一般，一定要修一下图片，买家看到心仪的产品效果才会放心下单，如图 1-16 所示。

图 1-16 产品图片处理

1.3.4 做初稿

美工可以根据自己的喜好先做出一个初稿，做好后发给客户，跟客户沟通。有的设计师会非常固执，自己认为满意的版本不允许别人说不好，如果客户提出修改意见，就会认为对方不懂设计，非常不情愿与客户合作，时间久了就会认为客户不懂得欣赏。

对于设计师的这种做法能够理解，但是对于资深的设计师来说，这些问题还可以有更好的解决方法。有一个最基本的道理：设计行业也算是服务行业，每天面对不同的客户，不可能要求每一个客户都能懂自己的想法，所以要与客户充分沟通，做出让客户满意的设计。

遇到比较难缠的客户，更要跟他们多沟通，了解他们喜欢的风格，设计时尽量向客户喜好的风格靠拢。虽然最后的成稿可能不是你最满意的，但是初稿一般是设计师们的最爱，可以把初稿当作自己满意的作品发布在自己的网站上面展示，一举两得。图 1-17 为笔者之前做的一个项目的初稿。

> **提示**
> 还有一点需要牢记，设计师要虚心接受别人的批评。设计的路上需要不断学习和提高，盲目自大的行为只能让自己故步自封，逐渐与同行拉开差距。

1.3.5 定稿切图

首页的设计，在与客户反复沟通定稿后，接下来就要进行切图了。淘宝首页有很多模块，每个模块的尺寸都不一样，所以切图的时候一定要注意。在 Photoshop 中将导航、店招、轮播海报、主推产品都进行切图后再导出图片，如图 1-18 所示。

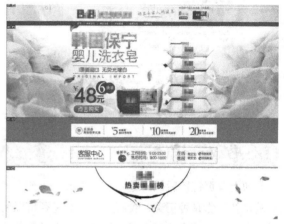

图 1-18 首页切图展示

1.3.6 上传图片

上传图片时，需要客户提供旺旺账号和密码，进入淘宝后台后，把切好的图片上传到图片空间，放入对应的文件夹，以方便下次查找。

初学者不太注意图片空间的使用，认为上传上去就行了，到时候再找。其实这个想法是不对的，一般店铺会有几十个或者上百个产品，加上主图的切图，会有好几百张甚至上千张图片，如果不及时建立文件夹来分类，到时候找图就像大海捞针，大大增加了后期找图的难度。所以要在制作新产品图片的时候，提前在图片空间建立对应的文件夹，如图 1-19 所示。

图 1-17 初稿展示

图 1-19 图片空间

1.3.7 加链接

现在很多店铺页面都是全屏显示的,这需要加代码才能实现。不过市场上也出现了很多辅助工具,做首页效果时,界面全屏、轮播海报、图片特效等都可以用辅助工具来实现。经常用到的软件有"码工助手""小语言工具"等,这些辅助工具给一些不懂代码的美工带来了很大的帮助,如图1-20所示。

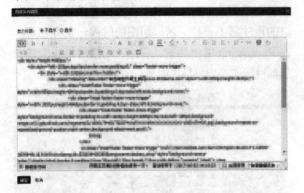

图1-20 代码展示

1.3.8 发布首页

加上首页链接后,预览界面,再单击每一个产品的链接查看是否正确,收藏店铺功能是否可以使用。各项功能都准确无误后,就可以发布首页了,这样整个首页就算设计成功了,如图1-21所示。

图1-21 发布首页

1.4 本章疑难问题解答

问题1:我之前没有学过美术,能做好淘宝设计吗?

答: 当然能做好,但是要比学过美术的设计师多付出一些努力才行。审美是一个长期积累的过程,不是说学会了Photoshop软件后,马上就能成为设计师了,会Photoshop是最基本的要求。

网店美工入行门槛是很低的,但是要成为优秀的淘宝设计师,需要后期花很多时间学习积累。多看与设计相关的书籍来开拓思路;也要多看优秀的作品,学习它们的设计思路、构图、配色和排版等。"纸上得来终觉浅,绝知此事要躬行。"杜绝眼高手低,多动手操作,做的次数多了,经验就丰富了,眼界就会慢慢提高。

问题2:网店美工好找工作吗?

答: 现在已经是互联网的时代,发达的科技已经影响了我们生活的方方面面。中国这么庞大的市场,几百万家淘宝店铺需要大量的美工,就业前景十分可观。中国经济正在影响全世界,越来越多的海外店铺需要更多优秀的淘宝设计师来操作,足不出户就能为世界各地的企业服务,你还发愁找不到工作吗?当然,自己的专业能力也要过硬才能够在行业立足。

问题3:网店美工的薪资如何?

答: 这是一个很现实的问题,我们要养家糊口,要过好日子,人人都有追求物质生活的权利。做设计成为亿万富翁有点困难,但是成为高级管理者还是没问题的。也有一些设计师自己开设计公司,但创业的机遇和风险是并存的,需要谨慎行事。

问题4:做设计能做多久?

答: 之前很多人说设计师是"吃青春饭"的,经常加班熬夜,到了三十来岁就不行了,需要转行,不适合长期工作。我觉得这些话也有一定的道理,但是设计行业的很多优秀设计师都是中老年人。学设计就像大浪淘沙,把一些能力差的、不愿意坚持的、没有耐心的人淘汰掉,剩下的就是行业精英。

设计行业涉及的方面很广,我们的衣食住行,眼睛看到的世界都是经过设计师美化的,不用顾虑没有工作干。学会了设计,你不仅仅能做网店美工,还可以做平面设计师、网站设计师和UI设计师等。只要坚持不懈地走下去,一定会有实现自己理想的一天。

第 2 章
色彩、文字、版式一样都不能少

色彩搭配　　文案策划　　文案布局　　排版设计

2.1 色彩搭配

优秀的设计师都对色彩有着比较高的要求，要想成为一名优秀的设计师，必须要了解色彩的基本知识。

下面具体介绍一下基本的色彩原理，先看图2-1所示的色相环。

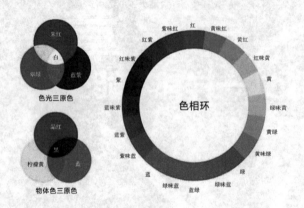

图2-1 色相环

色彩搭配师是经过了一系列的色彩培训，拥有着丰富的色彩知识的人。他们运用这些色彩知识和专业的技能进行色彩搭配与设计、色彩策划与营销、色彩调查与管理、色彩研究与咨询等工作。

色彩搭配师通过色彩测量、色彩咨询、色彩调查、色彩研究与培训等工作为社会提供专业化的色彩服务，提升各领域所需的色彩设计与应用的能力。

2.1.1 色彩的基本属性

颜色反映了设计的整体感觉，有时候单凭颜色就可以调动起一个人的情绪、情感甚至回忆。如果没有掌握色彩理论的基础知识，你会发现在日常工作和生活中忽略掉了很多细节。

1.原色

红、黄、蓝之所以被称为原色，是因为其他的颜色都可以通过这3种颜色混合而成。以不同比例将原色混合，可以产生出其他的新颜色。以数学的向量空间来解释色彩系统，则原色在空间内可作为一组基底向量，并且能组合出一个"色彩空间"。

肉眼所见的色彩空间通常由3种基本色组成，即"三原色"。一般来说，叠加型的三原色是红色、绿色和蓝色，而消减型的三原色是品红色、黄色和青色。在传统的颜料着色技术上，红、黄、蓝会被视为原色，如图2-2所示。

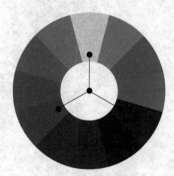

图2-2 原色

2.间色

间色亦称"第二次色"，是红、黄、蓝三原色中的某两种原色相互混合出的颜色。把三原色中的红色与黄色等量调配就可以得到橙色，把红色与蓝色等量调配就得到紫色，而将黄色与蓝色等量调配可以得到绿色。从专业的角度来讲，由三原色等量调配而成的颜色，叫作间色（Secondary Color）。当然，3种原色相加就接近黑色了。在调配时，由于原色在分量的多少上有所不同，所以能产生丰富的间色变化，如图2-3所示。

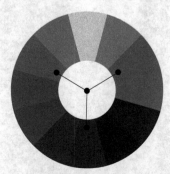

图2-3 间色

3.互补色

互补色是指色轮上那些呈180°夹角的颜色，如蓝色和橙色、红色和绿色、黄色和紫色等就称为互补色。互补色有非常强烈的对比度，在颜色饱和度很高的情况下，可以创建出很多震撼的视觉效果。互补色对比是色相对比中最强的一种对比，使色彩对比达到最大的鲜明度。从三原色来看，补色关系是一种原色与其他两种原色产生的间色对比关系，一般来说只有3对，即红与绿、黄与紫、蓝与橙。互补色相配，能产生强烈的刺激作用，对人的视觉具有最强的吸引力，如图2-4所示。

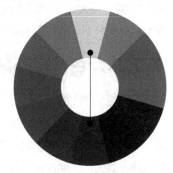

图2-4 互补色

4.相似色

相似色是指在色轮上相邻的3种颜色。相似色搭配可以在同一个色调中制造出丰富的质感和层次。有一些很好的色彩组合，如蓝绿色＋蓝色＋蓝紫色的搭配，以及黄绿色＋黄色＋橘黄色的搭配。做界面设计的时候，使用相似色搭配会让整体大色调的层次更加丰富，使图片效果看起来更多样，如图2-5所示。

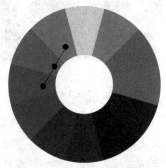

图2-5 相似色

5.色彩三要素

色相，用于区别各种颜色，如红、绿、蓝等。明度，表示彩色的明暗。饱和度，呈现色彩的鲜艳程度。

色相：色相也称色别，是指色与色的区别，色别是颜色最基本的特征，它是由光的光谱成分决定的。由于不同波长的色光给人以不同的色觉，因此可以用单色光的波长来表示光的色别。

明度：明度是指颜色的明暗、深浅，通常用反光率表示明度大小。同一色相会因受光强弱的不同而产生不同的明度，同一色相之间也存在明度的差异。人眼对不同颜色的视觉灵敏度不同，不同的色相在反光率相同时，也会产生不同的明度感受。当不同的色彩搭配在一起时，色相、明度和饱和度的作用会使色彩的效果产生变化。两种或者多种浅颜色配在一起时，不会产生色环（色轮）对比的效果。同样，多种深颜色组合在一起效果也不吸引人。但是，当一种浅颜色和一种深颜色混合在一起时，就会使浅色显得更浅，深色显得更深。

饱和度：饱和度是指颜色的纯度，也称色彩的鲜艳程度。饱和度取决于某种颜色中含色成分与消色成分的比例，含色成分越大，饱和度就越大；消色成分越大，饱和度就越小。物体的表面结构和照明光线性质也会影响饱和度，相对来说，光滑面的饱和度大于粗糙面的饱和度；直射光照明的饱和度大于散射光照明的饱和度。色彩的明度改变，饱和度也会随之变化，明度适中时，饱和度最大。明度增大时，颜色中的白光增加，色纯度减小，饱和度也就会降低。明度减小时，颜色很暗，说明颜色中的灰色增加，色纯度也减小，饱和度也就会降低。当明度太大或太小时，颜色会接近白色或黑色，饱和度也就极小了，如图2-6所示。

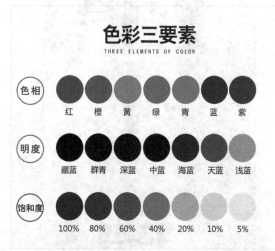

图2-6 色彩三要素

2.1.2 色彩构成

色彩构成，即色彩的相互作用，是从人对色彩的知觉和心理效果出发的，是用科学分析的方法，把复杂的色彩现象还原为基本的要素，利用色彩在空间、量与质上的可变换性，按照一定的规律去组合各构成之间的相互关系，再创造出新的色彩效果的过程。色彩构成是艺术设计的基础理论之一，它与平面构成及立体构成有着不可分割的关系，色彩不能脱离形体、空间、位置、面积、肌理等而独立存在，如图2-7所示。

图2-7 色彩构成

成熟的界面设计在色彩运用上都会遵循一定的规律，色彩有主有次，富有层次感，才会让人很舒适，如图2-8所示。我们做界面设计的时候，可以多收集一些优秀的作品，分析它们的配色，适当临摹一些优秀作品，以便积累自己的配色经验。

主色：在店铺中第一眼看上去感受到的色彩就是主色，主色决定着首页的风格。例如，整个界面是米黄色，是暖色调的设计，就会给人舒适自然的视觉体验，色彩饱和度低，长时间地浏览，眼睛也不会疲劳。

辅助色：辅助色是补充主色的颜色，起到平衡画面色彩和缓解主色给人带来的颜色冲击的作用。例如，黄色主界面上用绿色丰富一下，使界面不呆板。相对来说，黄色和绿色的颜色对比不强烈，绿色在一定程度上丰富了界面颜色。

点缀色：点缀色在店铺界面中占的空间最小，但是功能却很大，它能起到画龙点睛的作用。点缀色一般色彩艳丽，常在突出卖点或展示价格时使用。

2.1.3 配色技巧

1.同一色调配色

同一色调配色是将相同色调的不同颜色搭配在一起形成的一种配色关系。同一色调，其色相、纯度和明度具有共同性，明度按照色相略有变化。不同色调会产生不同的色彩印象，将纯色调全部放在一起时，会产生生活泼感。在对比色相和中差色相配色中，一般采用同一色调的配色手法，这样更容易进行色彩的调和。图2-9所示是同一色调的配色效果。

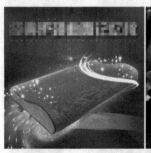

图2-9 同一色调配色

2.类似色调配色

类似色调配色，即将色环中相邻的两种或两种以上的颜色搭配在一起。类似色调配色的特征在于色调与色调之间有微妙的差异，较同一色调有变化，不会产生呆滞感。将深色调和暗色调搭配在一起，能产生一种既深又暗的昏暗感。而鲜艳色调和强烈色调再加明亮色调组合，则可以产生鲜艳活泼的色彩印象。图2-10所示是类似色调的配色效果。

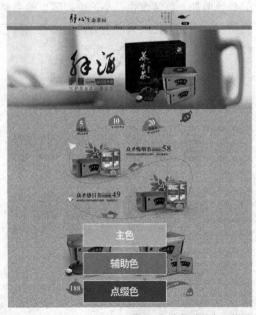

图2-8 有规律的色彩搭配

2.1.4 店铺风格与色调

确立店铺的风格与色调,能使产品的市场定位更加清晰、明朗。店铺首页风格的确立,能使客户群更加稳定。首页风格大致分为3类:高端时尚的、普通的和卡通风格的。

高端时尚的:一般界面简洁精练,色彩纯度低,经久耐看。走高端风格的界面设计,一定要简单大气,用色慎重,用词考究。设计圈有句俗语:"越简单越难设计。"没有多余的文案和产品,用最少的文案体现最丰富的内容,非常考验设计师的能力,如图 2-12 所示。

图 2-10 类似色调配色

3.对比色调配色

对比色调配色是相隔较远的两种或两种以上的颜色搭配在一起。对比色调因色彩的特征差异,能造成鲜明的视觉对比,有一种"相映"或"相拒"的力量使之平衡,因而能产生对比调和感。对比色调在配色选择时,会因横向或纵向而有明度和纯度上的差异。例如,浅色调与深色调搭配,即为深与浅的明暗对比。而鲜艳色调与混浊色调搭配,会形成纯度上的差异。图 2-11 所示是对比色调的配色效果。

图 2-11 对比色调配色

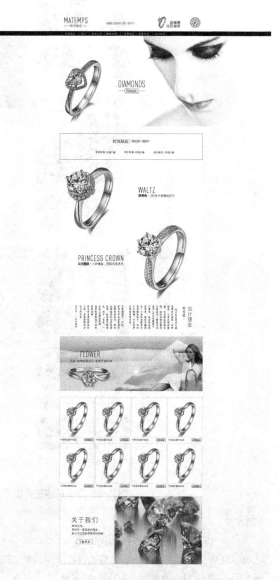

图 2-12 高端时尚风格的首页设计

普通的：普通的界面设计一般面对的客户是普通消费者，他们对界面设计要求不高，合适的价格才是吸引他们的重点。在设计界面的时候可以让色彩艳丽一些，排版方式丰富多样一些，价格展示得明显一些，让人有购买的冲动，如图2-13所示。

卡通风格的：主要针对儿童等客户群，在界面设计的时候，可以多用一些卡通素材，排版可以随意一些，色彩丰富多样一些。儿童的世界五颜六色，可以多一些想象空间，让画面充满童趣，如图2-14所示。

图2-13 普通风格的首页设计

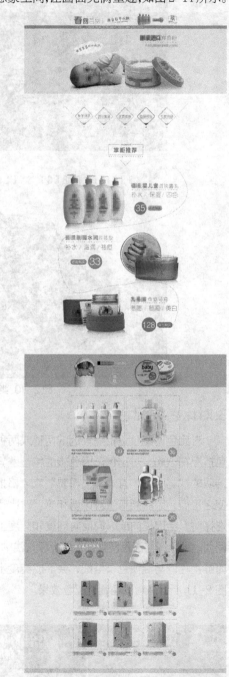

图2-14 卡通风格的首页设计

提示

不要埋怨客户的审美水平低，审美水平是经过训练才得以形成的，大多数客户都没有上过美术课，要把握他们的心理，做出他们喜欢的图片风格，避免"曲高和寡"。

提示

在设计卡通风格界面的时候，尽量避免使用比较尖锐的图案，可以选择一些比较圆润的字体，多用圆形、曲线等元素进行设计，这样让人看起来会很舒服。

2.2 文案策划

淘宝上的很多图片是图文结合的,优秀的作品离不开漂亮的图片和精练的文案。优秀设计师提炼的文案通俗易懂,让顾客一看就知道产品的卖点,能够迅速下单购买。有的天猫店铺会有专门的文案策划人员,他们分析产品关键词,帮助设计师做出质量更好的作品。

2.2.1 文案的重要性

1.卖点突出

淘宝上的销量离不开产品图片和文字介绍,没有精练的文字,顾客很难快速知道产品卖点;没有产品只有文字,顾客看不到实物,还是不会轻易下单。图片和文字两者缺一不可,相互影响。做文案前一定要跟委托方沟通好,他们更了解自己的产品卖点,筛选几个突出的加以总结,如图2-15所示的效果。

2.吸引眼球

优秀的文案能有效地吸引顾客,让人过目不忘。如何吸引买家的注意力,这是一个费脑筋的事。可以适当地换位思考,把自己当作客户,问问自己:"我为什么要买这个产品,什么地方最吸引我呢?"优秀的设计师就像一个销售员,把产品优点、顾客需求都弄明白了,做文案的时候就会从顾客的角度出发,解除顾客的顾虑,促成顾客下单,如图2-16所示的效果。

图 2-16 吸引眼球的文案

3.快速了解产品

通俗易懂的文案能让顾客快速地记住产品。很多买家对产品并不是特别了解,可能只知道一些简单的操作,这就需要设计师用通俗易懂的语言来介绍产品。提炼语言、突出卖点,节省顾客咨询客服的时间,增加顾客对产品的认知,让产品在大量的同类产品中脱颖而出,提高产品知名度,使产品销量大增。

2.2.2 文案资料准备

1.分析产品

通过分析产品深入了解产品优势、产品受众、产品材质和卖点等。从买家角度考虑,根据自身需要,有针对性地组织文案。

图 2-15 卖点突出的文案

2. 多看同行的作品

可以多看同行业销量高的店铺，分析它们的优势，总结文案特点。优秀的设计师都是产品运营人员，他们会用测试点击率的软件测试产品关键词，哪些关键词使用概率高，就会用在产品文案上，这样客户搜索到产品的概率就会增加。不懂得运营的美工，可以多看看同行产品的文案，适当地借鉴一下，站在巨人的肩膀上成功的概率会更大，如图2-17所示的效果。

图 2-17 分析同行的作品

3. 提高文化修养

优秀的作品会很有意境，就像世界名画会让你驻足思考，让人印象深刻。买家对你的产品有了很深的印象，就会自觉地相信你的产品是物超所值、值得购买的。

我们追求的不仅是图片好看，还要有文化积淀，技术能短时间学会，但是提高文化修养需要不断地学习。多看一些前辈的作品，不断地学习，这样才能做出高质量的作品，如图2-18所示的效果。

图 2-18 优秀作品展示

2.2.3 具体策划文案

一个优秀的文案需要涉及很多方面。一般的美工都会使用加法，把产品的特性都罗列到上面，像产品说明书一样。其实那样只能事倍功半，达不到理想的效果。客户不是专业人员，只需要告诉他，产品能给他带来哪些方便就行了。优秀的设计师通常会使用减法，把不吸引人的文案去掉，只保留产品精华的部分。准确地提炼语言、言简意赅地表达出产品的特性，是设计师走向成熟的必经之路。

1. 针对客户人群

有针对性的文案，能让顾客迅速找到自己喜欢的产品。分析产品的受众，是男人、女人、老人，还是儿童，不同的人群有不同的文案风格。例如，老年人产品，文案太夸张、太现代的话，会使客户接受不了。如果是儿童使用的产品，文案太正式、缺乏童趣，则会使客户丧失兴趣。对于文案组织，一方面靠自己的语言能力，自己提炼语言；另一方面可以通过淘宝指数了解该类产品的具体消费人群，知己知彼才能百战不殆。

2. 文案的意义

筹划吸引眼球的文案，最终目的是营销，是把产品卖出去。优秀的文案能够让客户对店铺印象深刻，进而增加品牌的影响力。

3. 文案的展示

文案展示大体分为两种，一种是产品简介，就是通过提炼产品卖点来展示，让顾客了解产品的特点而进行购买，如图2-19所示；另一种是打折促销文案，通过优惠的价格吸引顾客，如图2-20所示。

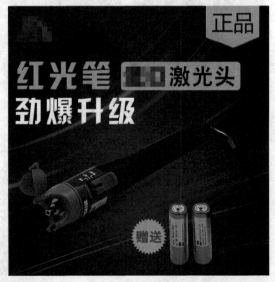

图 2-19 产品简介型文案

图 2-20 促销文案

图 2-22 直通车文案展示

4.文案的使用范围

店铺内部页面

店铺内部页面包括淘宝首页、主图、活动页、详情页等。添加文案,能让顾客更加直观地了解产品,所以设计师需要提炼卖点,如图 2-21 所示。

2.3 文案布局

在网店页面中,文案布局的好坏直接影响顾客的购物体验,烦琐的文案会让顾客找不到卖点,产生排斥心理。现在有很多移动端客户,他们也越来越没耐心,所以文案一定要简练,要让客户在最短的时间里了解产品特性。

2.3.1 首页文案排版

首页由很多模块构成,每一部分文案的重点也不一样,有的是以产品介绍为主,有的是以打折促销为主。文案排版可以根据产品特性来合理安排布局。下面具体介绍一下首页各个模块的文案排版。

1.页头

页头在店铺的顶端,包含店招与导航,页头固定在店铺的各个页面中,十分重要。

店招:主要展示文案为店铺名称及 Logo、促销信息、收藏等信息。

导航:主要展示产品分类、活动页面、公司介绍、热门搜索等。产品的分类导航能够对产品进行合理分类,方便客户寻找到需要的产品,如图 2-23 所示。

图 2-21 主图文案展示

营销页面

营销页面主要指为了促销而做的活动图片,如直通车、钻展图等。由于需要点击率,营销页面对文案排版的要求比较高,需要将文字做出与众不同的效果,可以加一些特效,以便在众多同类图片中脱颖而出,如图 2-22 所示。

图 2-23 页头

2.页中

页中包含轮播图、主推产品、分类导航、产品展示等,是体现文案的重要区域。诱人的价格、优质的品质都会吸引客户单击购买。

轮播图

轮播图是淘宝首页重要的展示区域,文案一定要有特色。要最大限度地挖掘产品的卖点,让顾客过目不忘,如图2-24和图2-25所示。

图2-24 轮播图1

图2-25 轮播图2

主推产品

主要展示店铺热销的产品,一般都是物美价廉的,文案以促销信息为主。用直白的语言对产品进行描述,打消顾客对产品的顾虑,如图2-26所示。

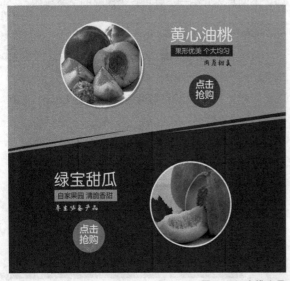

图2-26 主推产品

分类导航

主要介绍店铺的具体分类,合理地进行分类可以使店铺排版更加整齐,方便客户寻找类似产品。多一种选择,会大大增加客户的购买率。

产品展示

主要突出产品名称、卖点和价格等,让客户对产品名称、材质和价格有个大致了解,客户会根据自己的需求单击自己需要的产品,如图2-27所示。

图2-27 产品展示

3.页尾

页尾文案主要包括企业文化、企业Logo、手机店铺信息和售后服务等。通过页尾可以让客户对店铺有更深层次的了解,增加客户对店铺的认知度,如图2-28所示。

图2-28 尾页展示

2.3.2 直通车促销文案排版

制作直通车钻展图片的时候,文案的重要性就更能体现出来了。好的文案能激发客户的好奇心,让客户控制不住自己去单击,进而能增加图片点击率,促成更多销量。

1.卖点突出

用产品的突出卖点来吸引客户,"人无我有,人有我优",让客户知道你的产品比别人好在哪里,罗列出几个购买产品的理由,客户想不买都难,如图2-29所示。

图2-29 卖点展示

2.想他所想

做文案设计,要从买家的角度考虑问题——我为什么需要这个产品,买了这个产品对我有什么好处。给客户一些购买的动机,客户就会毫不犹豫地下单,如图2-30所示。

图2-30 想他所想

3.机不可失,失不再来

简洁的文案营造出紧张的氛围,让客户感觉到今天要是不买明天就会涨价且买多了还会有赠品等。具有冲击力的文案,能牢牢吸引客户的目光,诱人的价格时刻挑动着客户的神经,如图2-31所示。

图2-31 气氛营造

2.3.3 详情页文案设计

详情页的文案设计是重中之重,前3张图片尤其重要,如果不能吸引客户,那客户很有可能关掉界面,去寻找类似的产品。所以要争取用第一张图片就吸引住客户,让客户有充足的耐心浏览完整个详情页。

1.个性海报

根据产品特征做出对应的海报,图片要清晰一些,文案要言简意赅,让客户轻松了解产品特性及品牌信息,如图2-32所示。

图2-32 详情页海报

2.卖点展示

仔细分析产品卖点，提炼语言，找出产品优势，醒目地展示给客户。卖点展示是详情页的关键，如果没有展示出与众不同的卖点或者没有让人眼前一亮的效果，客户很难会继续浏览下去。一定要仔细了解产品，多跟厂家沟通，充分挖掘产品卖点，如图2-33所示。

图2-33 卖点展示

3.客户反馈

详情页制作得再细致，都不如客户评价能让人信服，我们自己购物时也会习惯性地看购物评价，真实的反馈会直接影响客户的购买。所以可以适量截取一些客户的晒图评价放在详情页上面，增强信服力。

有的设计师会觉得放上客户晒图会降低详情页的格调，其实可以在淘宝搜一下同行产品销量的前十名，有的详情页设计得很一般，没有设计感，但是为什么销量还那么高呢？原因之一是销量高，很多人习惯性地买销量高的产品，会觉得那么多人购买质量一定很好，有一定的从众心理。另外就是客户反馈多，客户会看到很多晒图的评论，对产品有了更真实的了解。适当地把一些好评晒图放到详情页里面展示并进行创意排版，会增加详情页的浏览量，如图2-34所示。

图2-34 客户反馈

4.细节展示

优质的产品是不怕展示细节的，所谓真金不怕火炼，放大的细节图能让客户看得更清楚，再加上恰当的文案介绍，大大减少了客户的顾虑，使其能放心购买，如图2-35所示。

图2-35 细节展示

5.无忧售后

因为是网上购物，客户会遇到产品不合适、与图片不符、物流运输中有损坏等问题，从而出现退换货的情况。

无忧售后的介绍，让客户更加了解产品发货流程，让客户减少顾虑，最终成功下单，如图2-36所示。

图2-36 售后展示

2.4 排版设计

有了对应的文案和产品图片后，接下来就是排版了。排版设计非常考验设计师的创意能力，优秀的排版会让页面显得高端大气，客户会从心里认可产品。有创意的排版，让你的作品与众不同、高人一等。下面为大家介绍一下海报排版和首页排版的方法。

2.4.1 海报排版

海报的排版方式大致分为3种,每一种排版方式都有其独特的魅力。下面为大家介绍一下这3种排版方式,方便以后设计时使用。

1.左图右文(左文右图)

这是一种经典的排版方式,页面构图饱满,视觉上也舒适。这种排版方式很常见,设计的难度不是很大,适合大多数设计师使用,如图2-37所示。

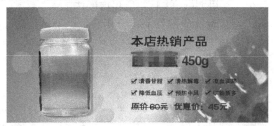

图2-37 左图右文

2.三角形构图

当产品图片较多的时候,可以使用三角形构图。三角形构图会使产品布局合理、结构稳定、视觉集中,能让人心里平和,如图2-38所示。

图2-38 三角形构图

3.创意构图

创意构图的排版讲究出其不意,打破原有的思维模式,视觉冲击力大,图片让人过目不忘。这对设计师的能力考验极大,创意做得好,大家都会称赞,做得差就会影响点击率,有一定的风险,建议一些经验丰富的设计师使用,如图2-39所示。

图2-39 创意构图

2.4.2 首页排版

首页排版分为传统排版和创意性排版,针对不同的客户人群,设计不同风格的店铺首页。下面介绍一下传统界面设计和创意性界面设计,并分析一下它们的优劣势。

> **提示**
> 设计师在设计首页时,可以多与客户沟通,了解对方的喜好,根据他们喜欢的风格设计首页,这样成功率会大大提高。

1.传统排版

优势:排版规矩,整洁大气,色调统一,产品整齐划一。给人以企业实力雄厚、工业化生产的印象,使客户对产品产生信赖感。

劣势:模式化排版会让客户视觉疲劳,缺乏新鲜感,对产品印象模糊。

传统排版页面如图2-40所示。

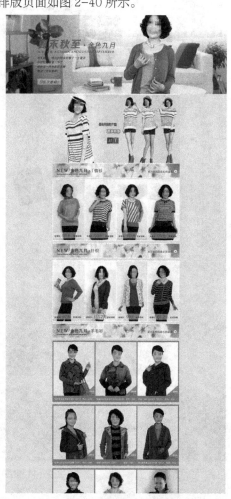

图2-40 传统排版的首页

2. 创意排版

优势：千篇一律的店铺风格设计会让客户审美疲劳，而打破常规的排版，个性随意，会让客户感觉到与众不同，印象深刻。创意的首页设计会脱颖而出，给店铺带来更多的浏览量。

劣势：个性的排版设计不能适用于所有客户，对于传统的买家而言可能会接受不了。

创意排版页面如图 2-41 所示。

图 2-41 创意排版的首页

2.5 本章疑难问题解答

问题1：没有学过美术，不会配色怎么办？

答：色彩搭配确实有一定的难度，有的新手制作图片时，文字是五颜六色的，显得很不专业。设计行业有一个小技巧，一张图片上面的颜色尽量不超过3种，多了就会显得乱、俗气，没有美术基础的读者一定要记住。可以买一些色彩搭配的书，看看不同颜色的寓意，什么颜色搭配在一起比较舒服。再就是多看优秀的作品，分析它们的颜色搭配，多临摹一些，慢慢地就能掌握配色技巧。

问题2：图片上放多少文案合适？

答：不太专业的设计师喜欢把产品所有的优点都放在图片上展示，希望让买家看到。其实好的作品要做"减法"，也就是提炼语言，言简意赅地表达出产品的卖点，且画面又美观，这才是优秀设计师应该追求的。一般图片上面放3~4句话就可以了，有主标题、次标题和卖点展示。

问题3：普通的排版看不上，创意性的排版效果乱怎么办？

答：做设计就像练习书法，得先把楷书练好了，草书才会写得有韵律。做排版先打基础，把基本功练扎实了，创意设计才会更好。不要眼高手低，做设计是一个长期的事业；不要急于求成，有数量的积累才会有质量的转变。先从基础做起，慢慢成为高手。

第3章
图片处理技术

多种抠图技巧　　美化产品　　调色处理　　图片裁切　　图片合成

3.1 多种抠图技巧

在设计图片的过程中，抠图是必须经历的一步，也是设计师必备的技能之一。笔者刚开始学习Photoshop的时候，就是从抠图开始的，简单的几何图案就用"套索工具"，复杂一些的就用"钢笔工具"等。有的图片是几个抠图工具结合使用做成的。不同的图片有不同的抠图方法，要懂得灵活运用。下面具体介绍几种抠图方法。

3.1.1 几何形状抠图

素材路径：素材文件 >CH03>3.3.1

知识点：选框工具的抠图方法

当图片中有一些简单的圆形、矩形等几何形状的图案时，建议使用选框工具组中的工具进行抠图，方便快捷。

01 在 Photoshop 中打开素材图片，如图 3-1 所示。

图 3-1 打开素材图片

02 使用工具箱中的"矩形选框工具" 从产品左上角到右下角画矩形，如图 3-2 和图 3-3 所示。

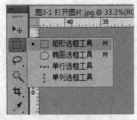

图 3-2 选择"矩形选框工具"

图 3-3 建立选区

03 使用组合快捷键 Ctrl+J 复制图层，隐藏下面的原始图层就得到了想要的图片，如图 3-4 和图 3-5 所示。

图 3-4 隐藏原始图层

图 3-5 抠图后的效果

提示

如果图层列表隐藏起来找不到了，按键盘上的F7键就会显示。图层的最左边有一个眼睛状的按钮，单击一下就会显示图层，再单击一下就会隐藏图层，这在设计的时候会经常用到，一定要牢记。

处理图片时，一定要养成良好的习惯，不要在原始图层上面进行抠图，要先复制一个图层，方便以后与原图进行对比或者重复使用原始图层。

3.1.2 纯色背景抠图

当客户提供的是棚拍的照片时，大部分图片的背景会是纯色的，一般是白色背景，也有红色、黄色、褐色的背景等。白色背景可以直接用"快速选择工具"抠取，选定区域，再复制图层就可以了。若背景是红色或者黄色等鲜艳的色彩时，由于受光的影响，一部分颜色会映照在产品上，抠图后的产品与实物存在色差，所以在抠图之前应该先调色，把产品上面的杂色去掉，再进行抠图。下面为大家介绍"快速选择工具"和"魔棒工具"的使用方法。

素材路径：素材文件 >CH03>3.1.2

知识点：快速选择工具和魔棒工具的抠图方法

1.纯色背景图片的抠图方法

01 在 Photoshop 中打开素材图片，执行"文件 > 打开"菜单命令打开素材图片，如图 3-6 所示。

图 3-6 打开素材图片

02 选择"快速选择工具" ，并调整工具的参数，在图片空白处单击鼠标左键，如果还有未被选中的空白区域，再拖动鼠标即可，如图 3-7~ 图 3-9 所示。

图 3-7 选择"快速选择工具"

图 3-8 调整工具的参数

图 3-9 建立选区

03 建立选区后，按组合快捷键 Shift+Ctrl+I 进行反选，再使用组合快捷键 Ctrl+J 复制图层，如图 3-10 和图 3-11 所示。

图 3-10 隐藏原始图层

图 3-11 抠图后的效果

2.彩色背景图片的抠图方法

01 在 Photoshop 中执行"文件 > 打开"菜单命令，打开素材图片，如图 3-12 所示。

图 3-12 打开素材图片

02 选择"魔棒工具" ，在图片空白处单击鼠标左键即可。当不能完全选定要选的内容时，按住Shift键加选，直到完全选定为止，如图3-13和图3-14所示。

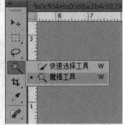

图3-13 选择"魔棒工具"

图3-14 建立选区

03 建立选区后，按组合快捷键Shift+Ctrl+I进行反选，使用组合快捷键Ctrl+J复制图层，再隐藏底部原始图层，得到抠出的图片，如图3-15和图3-16所示。

图3-15 隐藏原始图层

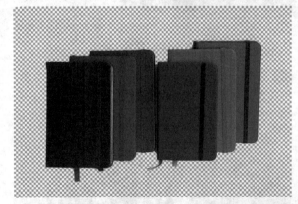

图3-16 抠图成功

04 抠图完成之后需要对产品进行调色，把映照在钱包上的环境色去掉。使用组合快捷键Ctrl+U调出"色相/饱和度"对话框，因为图片背景的颜色是青色的，所以要降低"青色"的"饱和度"，再单击"确定"按钮，如图3-17和图3-18所示。

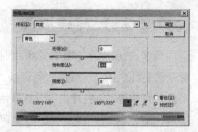

图3-17 调整"饱和度"

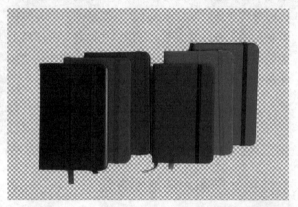

图3-18 调整之后的效果

3.1.3 钢笔工具抠图

"钢笔工具" 是设计师在抠图的时候使用频率最高的工具，其应用范围较广，很多造型不规则、颜色复杂的图片都可以使用"钢笔工具"抠图。使用"钢笔工具"抠图，可以使图片没有锯齿，最大限度地保留产品轮廓，下面给大家介绍"钢笔工具"的抠图方法。

素材路径：素材文件 >CH03>3.1.3

知识点：钢笔工具的抠图方法

01 在Photoshop中打开素材图片，如图3-19所示。

图3-19 打开素材图片

02 选择"钢笔工具" ，如图 3-20 所示。

03 使用组合快捷键 Ctrl+"+"放大图片，方便仔细抠图，如图 3-21 所示。

图 3-20 选择"钢笔工具"

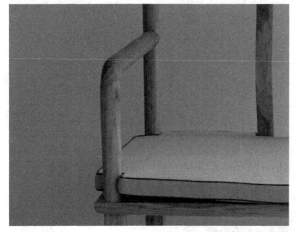

图 3-21 放大产品局部

04 当画到椅子拐角处时，按住 Alt 键，继续使用"钢笔工具" ，如图 3-22 所示。

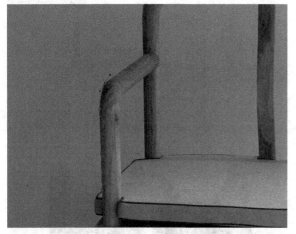

图 3-22 使用"钢笔工具"

提示

在放大图片抠图之前一定要观察好产品的外形，做到心中有数，避免多抠和漏抠。放大图片抠图时看不到图片的全貌，当"钢笔工具" 把当前内容抠完要继续往下抠的时候，可以按键盘上的空格键，按住鼠标左键拖动界面左右移动，直到区域闭合，建立选区。

05 使用"钢笔工具" 将椅子外轮廓画成封闭区域，使用组合快捷键 Ctrl+Enter，建立选区，如图 3-23 所示。

图 3-23 建立选区

06 按组合快捷键 Ctrl+Shift+I 进行反选，然后按 Delete 键删除背景，再使用"钢笔工具" 抠图，如图 3-24 所示。

图 3-24 继续抠图

07 继续使用"钢笔工具" 把剩下的墙面和地面抠掉，方法步骤跟之前一样。先建立选区，再按 Delete 键删除多余的墙面和地面，如图 3-25 所示。

图 3-25 抠图后的效果

3.1.4 通道抠图

抠图的时候经常会遇到有模特的图片，很多初学者一看到模特的头发就犯怵。用"快速选择工具"抠图不完整，用"钢笔工具"抠图太死板。接下来我们学习使用"通道"抠图，"通道"抠图一般多应用于含有毛发、烟雾或火焰的图片。下面为大家介绍"通道"抠图的方法。

素材路径：素材文件 >CH03>3.1.4

知识点：通道抠图的方法

01 在Photoshop中打开素材图片，如图3-26所示。

图3-26 打开素材图片

02 使用组合快捷键Ctrl+J复制图层，隐藏"背景"图层，如图3-27所示。

图3-27 复制图层

03 执行"窗口>通道"菜单命令，调出"通道"面板，测试一下红、黄、蓝三个通道中哪一个颜色对比强烈就选哪个通道，如图3-28和图3-29所示。

图3-28 调出"通道"面板

图3-29 通道对比

04 通过观察，选择"蓝"通道，复制得到"蓝 副本"通道，如图3-30所示。

图3-30 复制"蓝"通道

05 使用组合快捷键Ctrl+L调出"色阶"对话框，调整后使图像对比更强烈，如图3-31和图3-32所示。遇到图像内部有白色的时候，可使用"画笔工具"把图像完全涂黑。

图3-31 调整"色阶"

图3-32 调整后的效果

06 按住 Ctrl 键并单击"蓝 副本"通道,建立选区,如图 3-33 和图 3-34 所示。

图 3-33 单击"蓝 副本"通道

图 3-34 建立选区

07 回到"图层"面板,按组合快捷键 Ctrl+Shift+I 进行反选,再使用组合快捷键 Ctrl+J 复制图层完成抠图,如图 3-35 和图 3-36 所示。

图 3-35 反选

图 3-36 完成抠图

3.1.5 综合抠图

有时候我们面对的图片很复杂,如果一种抠图工具实现不了,可以尝试使用多种抠图工具,发挥出它们各自的优点,将想要的内容完美地抠出来。

综合抠图需要在对各种抠图工具都精通的前提下,将各种抠图工具的使用技巧融会贯通。遇到不同的图片,使用不同的组合工具抠图,只有这样才能成为抠图高手。

提示

将产品抠图后一定要导出 PNG 格式的图片,或保留源文件,方便以后多次使用。在需要做海报或主图时,直接将文件拖入 Photoshop 软件里即可。

下面给大家介绍综合抠图的方法。

素材路径:素材文件 >CH03>3.1.5

知识点:综合抠图

01 在 Photoshop 中打开素材图片,如图 3-37 所示。

图 3-37 打开素材图片

02 选择工具箱中的"钢笔工具" ,如图 3-38 所示。

图 3-38 选择"钢笔工具"

03 使用组合快捷键 Ctrl+"+"放大人物局部，方便对细节的抠取，如图 3-39 所示。

图 3-39 放大局部

04 使用"钢笔工具"抠图时要远离头发区域，稍后再用"通道"抠图的方法抠头发，待形成封闭区域后，使用组合快捷键 Ctrl+Enter 建立选区，再使用组合快捷键 Ctrl+J 复制图层，如图 3-40 和图 3-41 所示。

图 3-40 建立选区

图 3-41 复制选区

05 在"通道"面板中复制"蓝"通道，如图 3-42 所示。

图 3-42 复制"蓝"通道

06 使用组合快捷键 Ctrl+L 调出"色阶"对话框，通过对色阶的调整会使人物对比更强烈，如图 3-43 所示。遇到图中内部有白色部分的时候，使用"画笔工具"将其完全涂黑。

图 3-43 调整色阶

07 按住 Ctrl 键并单击"蓝 副本 2"通道建立选区，如图 3-44 所示。

图 3-44 建立选区

08 回到"图层"面板，选择"橡皮擦工具"，如图 3-45 和图 3-46 所示。

09 单击鼠标右键调整"橡皮擦工具"的"大小"，在模特外侧进行擦除，如图 3-47 和图 3-48 所示。

图 3-45 回到"图层"面板

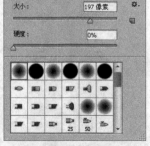

图 3-46 选择"橡皮擦工具" 图 3-47 调整"橡皮擦工具"的"大小"

3.2 美化产品

客户一般提供给设计师的图片都是未修饰的原图，需要设计师后期进行美化，将图片上面的一些瑕疵去掉。还有的需要设计师对图片进行精修和手绘处理，用 Photoshop 软件在原图上重新画一遍，使产品焕然一新。下面给大家介绍几种常用的美化方法。

3.2.1 污点修复画笔工具

用"污点修复画笔工具"可以简单地处理掉图片上不需要的污点，轻轻一点即可去掉。

素材路径： 素材文件 >CH03>3.2.1

知识点：污点修复画笔工具的使用

图 3-48 擦除多余背景

10 执行"文件 > 存储为"菜单命令，将文件存储为 PNG 格式，如图 3-49 和图 3-50 所示。

01 在 Photoshop 中打开素材图片，如图 3-51 所示。

图 3-49 文件存储

图 3-51 打开素材图片

02 选择工具箱中的"污点修复画笔工具"，如图 3-52 所示。

03 单击鼠标右键，在弹出的面板中调整画笔的"大小"，如图 3-53 所示。

图 3-50 存储为 PNG 格式

图 3-52 选择"污点修复画笔工具"

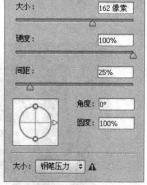

图 3-53 调整画笔"大小"

04 用鼠标对需要去掉的文案进行涂抹，松开鼠标之后文案就会自动消失，如图3-54和图3-55所示。

图3-54 去除文案

图3-55 修图完成

3.2.2 修复画笔工具

用"修复画笔工具"可以快速移去照片中的污点和其他不理想的部分。

素材路径：素材文件 >CH03>3.2.2

知识点：修复画笔工具的使用

01 在Photoshop中打开素材图片，如图3-56所示。

图3-56 打开素材图片

02 选择"修复画笔工具" ，如图3-57所示。

03 按住Alt键，在图中文字的右边选取相似的样本，单击鼠标右键调整画笔的"大小"，如图3-58所示。

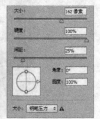

图3-57 选择"修复画笔工具"　图3-58 调整画笔"大小"

04 按住鼠标左键对文字部分进行均匀涂抹，松开鼠标即可去掉不需要的文字，如图3-59所示。

图3-59 去除文字

3.2.3 综合处理图片

有的图片上面有水印，处理起来比较麻烦，需要结合几个工具一起使用。下面举例介绍一下使用多种工具处理图片。

素材路径：素材文件 >CH03>3.2.3

知识点：多种工具的结合使用

01 在Photoshop中打开素材图片，分析图片水印的特点，如图3-60所示。

图3-60 打开素材图片

02 用"钢笔工具"在杯子下面建立选区,再用"污点修复画笔工具"进行修图,这样就不会影响到下面的垫子,如图 3-61 所示。

图 3-61 建立选区

03 使用"污点修复画笔工具"在选区里面进行涂抹,如图 3-62 和图 3-63 所示。

图 3-62 选择"污点修复画笔工具"

图 3-63 去除水印

04 按组合快捷键 Ctrl+Shift+I 反选,再使用"污点修复画笔工具"去除垫子上面的水印,如图 3-64 所示。

图 3-64 反选并去除水印

05 选择"矩形选框工具",确保在"新选区"模式下,在图片上面随意单击一下,选区会取消,修图就完成了,如图 3-65 和图 3-66 所示。

图 3-65 选择"矩形选框工具"

图 3-66 修图完成

06 对比一下图片处理前后的效果,如图 3-67 所示。

图 3-67 前后对比

3.2.4 图片精修

图片精修是对产品图片的再加工,在原图的基础上,用 Photoshop 重新画一遍,非常消耗时间和精力。虽然产品精修已经成了新兴的行业,有专门的修图师,但是网店美工也需要掌握精修的方法。俗话说:"艺多不压身",多掌握一些技术,在公司的地位就会更加稳固。产品修图前后的效果会有怎样的变化呢?下面举例进行说明。

素材路径: 素材文件 >CH03>3.2.4
实例路径: 实例文件 >CH03>3.2.4

知识点：图片精修的技巧

原图颜色暗沉、光泽度差，不能直接使用。修图后的产品图片色泽饱满、质感丰富，产品效果好，导出 PNG 格式后，适用于很多地方。下面为大家介绍产品精修的具体操作步骤。

图 3-68 修图前后对比

01 在 Photoshop 中打开素材图片，如图 3-69 所示。

02 使用"钢笔工具" 对产品进行抠选，使用组合快捷键 Ctrl+Enter 建立选区，再使用组合快捷键 Ctrl+J 复制图层，如图 3-70 和图 3-71 所示。

图 3-69 打开素材图片

图 3-70 建立选区　　图 3-71 复制选区

03 使用组合快捷键 Ctrl+M 调出"曲线"对话框，调整图片的亮度。按住鼠标左键往上拖动中间弧线，弧度越大产品越亮，适度即可，不然会使产品曝光过度，如图 3-72 所示。

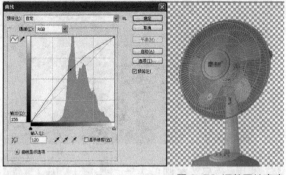

图 3-72 调整图片亮度

04 由于扇叶的颜色和背景的颜色融合在一起了，用"通道"抠图不方便，可以先用"钢笔工具" 抠出扇叶，再按组合快捷键 Ctrl+Enter 建立选区，如图 3-73 所示。

图 3-73 抠出扇叶和底座

05 使用组合快捷键 Ctrl+X 剪切图像，再按组合快捷键 Ctrl+Shift+V 进行固定位置粘贴，使扇叶和安全网不在一个图层上，再对产品抠图的时候就不会影响扇叶了，如图 3-74～图 3-77 所示。

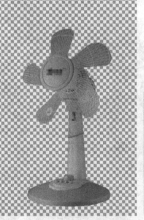

图 3-74 扇叶和底座　　图 3-75 扇叶和底座图层

第3章 图片处理技术

图 3-76 安全网

图 3-77 安全网图层

06 接下来对安全网进行"通道"抠图处理,把"蓝"通道拖到下方的"创建新通道"按钮上,复制"蓝"通道。使用组合快捷键 Ctrl+L 调出"色阶"对话框,调整色阶,使图片的黑白对比更明显,方便后期抠图,如图 3-78~ 图 3-80 所示。

图 3-78 复制通道

图 3-79 调整色阶

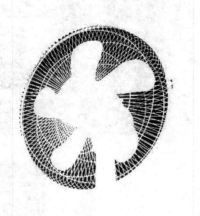

图 3-80 调整色阶之后的效果

07 按住 Ctrl 键,同时单击"蓝 副本"通道建立选区,按组合快捷键 Ctrl+Shift+I 进行反选。再回到"图层"面板,在安全网图层上按 Delete 键删除多余的背景,如图 3-81 和图 3-82 所示。

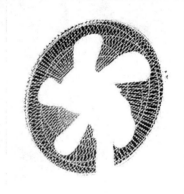

图 3-81 建立选区

图 3-82 删除背景

08 新建一个图层,填充背景为白色,如图 3-83 和图 3-84 所示。

图 3-83 选取颜色

提示

在修图的时候,图层会越来越多,Photoshop 工具选项栏中的"自动选择"选项一定要记得勾选。当你用鼠标单击对应位置时,Photoshop 会自动跳转到你选择的图层,这会大大减少寻找对应图层的时间,如图 3-89 所示。

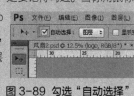

图 3-89 勾选"自动选择"

11 在具体修图时,一般顺序是从上往下修,修产品某一部分时要建立独立的组,并且要养成给组命名的习惯,方便后期调整。接下来,要精修 Logo,新建一个图层组并命名为"Logo"(双击组的名称,就可以输入想要的文字),如图 3-90 所示。

图 3-90 图层组的重命名

12 隐藏上面两个图层组,吸取背景图层的颜色,再显示两个图层组,在"Logo"图层组里新建图层,将"填充"降为 30%,方便对原图进行覆盖,如图 3-91 和图 3-92 所示。

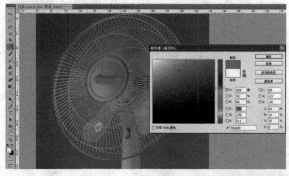

图 3-91 吸取颜色

图 3-84 填充背景颜色

09 回到扇叶图层,选择"减淡工具" ,单击鼠标右键调整画笔"大小",在扇叶上面涂抹,使扇叶明亮清晰,如图 3-85 和图 3-86 所示。

 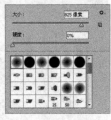

图 3-85 减淡工具　　图 3-86 调整画笔

10 颜色调亮以后就开始用 Photoshop 进行手绘精修了。为了方便后期调整,要给图层分组,按住 Alt 键同时单击 3 个图层,选定之后使用组合快捷键 Ctrl+G 编组,如图 3-87 和图 3-88 所示。

图 3-87 扇叶提亮　　图 3-88 图层编组

图 3-92 降低图层的"不透明度"

13 选择"椭圆工具" ,选取填充颜色,上面会显示最近使用的颜色,可以直接用之前选取的颜色,按照图片外形在最左边画圆即可,如图3-93和图3-94所示。

图3-93 选择"椭圆工具"

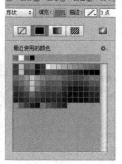
图3-94 选择颜色

14 当发现手绘的风扇部分形状与原图不吻合时,可以使用组合快捷键Ctrl+T进行调整。按住Ctrl键拖动变形的4个角,使之与原图吻合,之后调整图层的"不透明度"为100%即可。双击椭圆所在的图层,在弹出的"图层样式"对话框中对椭圆进行调整。要让椭圆有立体感,可勾选"斜面和浮雕"复选框,参数可以根据自己的感觉调整,不一定与图中参数一模一样,如图3-95和图3-96所示。

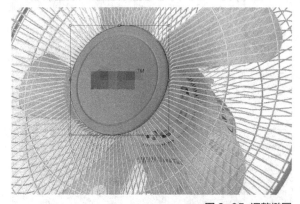
图3-95 调整椭圆

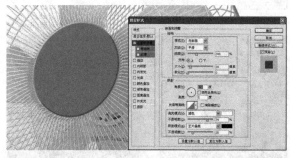
图3-96 调整"图层样式"

15 选择"画笔工具" ,单击鼠标右键调整画笔的"大小",注意要用柔和的画笔,这样画上去会使图片更有层次,如图3-97和图3-98所示。

图3-97 选择"画笔工具"

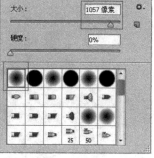
图3-98 调整画笔"大小"

16 用"画笔工具" 在图片上面单击一下,会出现一个模糊的圆形,再盖印图层。按住Alt键在上下两个图层之间进行单击,上面的图层就会盖印在下面的图层上面,如图3-99和图3-100所示。

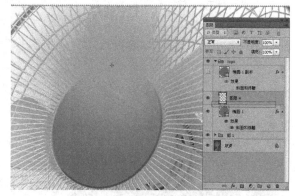
图3-99 画笔工具使用

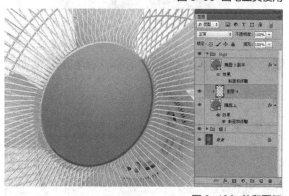
图3-100 盖印图层

17 按住Ctrl键并连续选择两个图层,再使用组合快捷键Ctrl+J复制图层,使用组合快捷键Ctrl+T调出自由变换工具,按住鼠标左键从中心点往下拖动,如图3-101和图3-102所示。

图3-101 复制图层

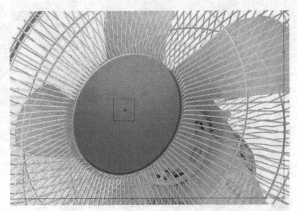

图 3-102 下移中心点

18 按住组合快捷键 Ctrl+Shift 并拖动鼠标对图片进行等比例缩小。双击"椭圆 1 副本"图层,在弹出的"图层样式"对话框中调整参数,如图 3-103 和图 3-104 所示。

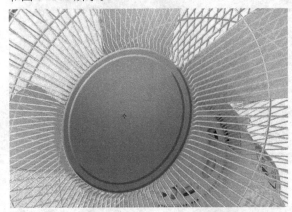

图 3-103 等比例缩小

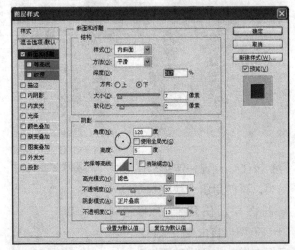

图 3-104 调整"图层样式"

19 选择"横排文字工具",调整字号和颜色,在图片上面输入文字,如图 3-105 和图 3-106 所示。

图 3-105 选择"横排文字工具"

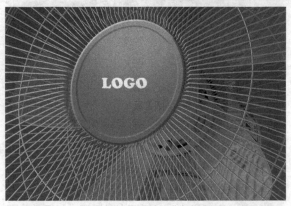

图 3-106 输入文字

20 双击文字图层,在弹出的"图层样式"对话框中调整参数,如图 3-107 和图 3-108 所示。

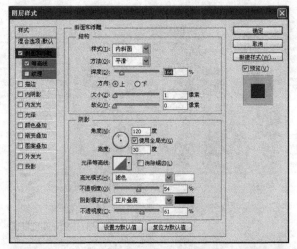

图 3-107 调整"图层样式"

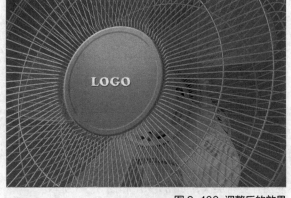

图 3-108 调整后的效果

21 继续往下精修风扇的其他部分。处理风扇立柱时，要在上面增加高光和阴影。新建图层，选择"画笔工具" ，设置画笔颜色为白色，使用组合快捷键Ctrl+T调出自由变换工具，使图片变窄，如图3-109和图3-110所示。

图3-109 选择"画笔工具"

图3-110 压缩变窄

22 选择"橡皮擦工具" ，调整其"大小"后擦除与风扇安全网重合的部分，使高光退到风扇页的后面，这样图片更有空间感，再调整一下风扇立柱的不透明度，如图3-111~图3-113所示。

 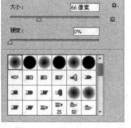

图3-111 选择"橡皮擦工具"　图3-112 调整橡皮擦"大小"

图3-113 擦除多余部分

23 选择"画笔工具" ，颜色设置为深灰色，调整画笔"大小"，在风扇立柱图层上单击一下，会出现笔触的效果，再使用组合快捷键Ctrl+T调出自由变换工具把笔触压扁，如图3-114和图3-115所示。

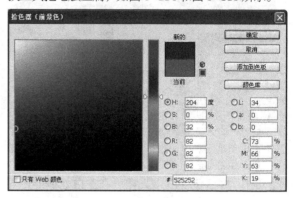

图3-114 选择颜色

图3-115 调整大小

24 按住Alt键进行盖印处理，再使用组合快捷键Ctrl+J复制立柱阴影图层并调整位置，将其移到左侧，再进行盖印处理。这样风扇立柱的两面都有一些阴影，中间有高光，风扇会显得更加立体。选择"减淡工具" 并调整"大小"，在风扇立柱图层上面涂抹，以提高立柱的亮度，如图3-116和图3-117所示。

图3-116 盖印图层　　图3-117 用"减淡工具"提亮

㉕ 风扇立柱部分完成后开始精修底座。新建图层组并命名为"底座",再新建图层,使用"钢笔工具" 对按钮进行抠图处理。用"吸管工具" 吸取颜色,再用"画笔工具" 对按钮进行涂抹,如图3-118和图3-119所示。

图3-118 新建图层组和图层　　图3-119 用"画笔工具"进行涂抹

㉖ 选择"矩形选框工具" ,在空白处单击一下会取消当前的选区。再用"钢笔工具" 接着抠图,之后建立新的选区,如图3-120和图3-121所示。

图3-120 取消当前选区

图3-121 建立新选区

㉗ 选择"渐变工具" ,调整渐变的参数。一般的产品图处理为立体效果时会有高光、反光和渐变等效果,调整的时候加上即可,如图3-122和图3-123所示。

图3-122 选择"渐变工具"

图3-123 渐变调整

㉘ 使用"渐变工具" 在选区上从左到右水平拉一下,就会出现渐变效果,可以试着多操作几次。接下来制作其他几个挡位的按钮,制作好一个挡位按钮后,再复制3个图层,然后将按钮图层编组。之后用"钢笔工具" 抠图建立选区,如图3-124和图3-125所示。

图3-124 大按钮制作成功

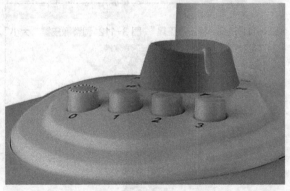

图3-125 填充渐变

㉙ 在按钮顶部建立选区之后,使用"画笔工具" 选取合适的颜色进行涂抹,适当加上一些亮色,以

增加光感。接下来用"钢笔工具"绘制按钮的侧面，先建立选区，再使用"渐变工具"调整渐变颜色，如图 3-126 和图 3-127 所示。

图 3-126 建立选区

图 3-127 调整渐变颜色

30 将渐变颜色调整好之后，在当前的选区上从左往右拉一下即可。之后用"钢笔工具"制作按钮的投影，新建图层并拖动到按钮图层下面，颜色设置为深蓝色（先建立选区，再填充前景色），如图 3-128 和图 3-129 所示。

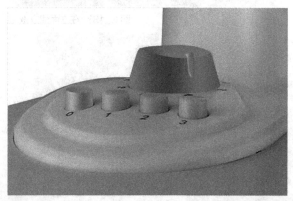

图 3-128 渐变形成

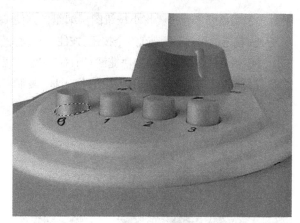

图 3-129 制作投影

31 投影制作好之后，适当地降低其不透明度。接下来使用"横排文字工具"在上面输入数字 0，使用组合快捷键 Ctrl+T 调出自由变换工具对数字 0 进行变形处理，如图 3-130 和图 3-131 所示。

图 3-130 加入投影

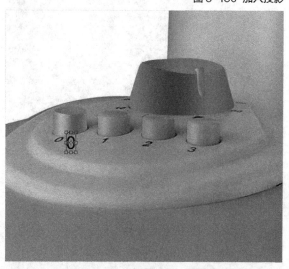

图 3-131 输入数字

32 文字调整好之后,要将小按钮图层编组,方便用复制+粘贴的形式绘制其他3个按钮。按住Ctrl键,选择需要编组的图层,按组合快捷键Ctrl+G编组,重命名为"按钮1"。使用组合快捷键Ctrl+J复制图层组,重命名为"按钮2",选中"按钮2"图层组移动到对应位置,如图3-132和图3-133所示。

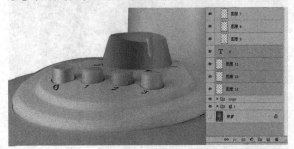

图 3-132 给按钮图层编组

图 3-133 重命名图层组

33 用与上一步同样的办法,复制出两个组并分别命名为"按钮3"和"按钮4",选中按钮图层移动到对应位置,修改按钮上面的数字,如图3-134所示。

图 3-134 复制按钮图层

34 按钮图层复制完成之后,在"底座"组里新建图层,绘制圆底的部分。使用"钢笔工具" 建立选区,吸取对应的颜色后使用"画笔工具" 进行涂抹,再对圆底边缘部分用亮一些的颜色进行涂抹,如图3-135和图3-136所示。

图 3-135 建立选区

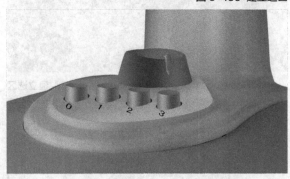

图 3-136 涂抹选区

35 在圆底图层下面新建一个图层,用来制作立面。使用"钢笔工具" 建立一个选区,吸取对应的颜色后使用"画笔工具" 进行涂抹。因为这个面是要表现立体的效果,颜色会比顶部的暗一些,绘制时要注意,如图3-137和图3-138所示。

图 3-137 在立面建立选区

图 3-138 用画笔涂抹立面

36 接下来绘制风扇的白色大底座。在圆底图层下面新建一个图层,使用"钢笔工具" 建立选区,吸取对应的颜色后使用"画笔工具" 进行涂抹。从高度上来说,白色大底座要比上面按钮的底座矮一些,所以颜色也会稍微暗一些。整个底座是曲面的,不能都是一样的颜色,有的地方需浅一些,有的地方需深一些。因为风扇各部分的高低不同,所以明暗也会有变化,如图3-139和图3-140所示。

图3-142 涂抹选取

38 用同样的方法,在"底座"图层组里新建一个图层,使用"钢笔工具" 建立一个选区,吸取对应的颜色后,用"画笔工具" 进行涂抹,如图3-143和图3-144所示。

图3-139 建立选区

图3-140 涂抹选区

37 接着绘制小立面。在选区下面新建图层,使用"钢笔工具" 建立选区,选择一种浅灰色并用"画笔工具" 在立面上进行涂抹,根据产品透视原理画出不同的颜色,如图3-141和图3-142所示。

图3-143 建立选区

图3-144 涂抹选区

39 将白色底座绘制好之后,就可以开始绘制蓝色的大底盘了。在"底座"图层组里新建一个图层,使用"钢笔工具" 沿着底盘外轮廓建立选区,如图3-145和图3-146所示。

图3-145 新建图层

图3-141 建立小立面选区

图3-146 建立选区

40 选区建好之后，选择"画笔工具" ![pen] 并选择对应的颜色进行涂抹。因为拍产品图的时候可能曝光过度，会导致产品颜色变白，吸取颜色的时候要尽量比原图颜色鲜艳一些。同时，底盘颜色也要有深有浅，对底盘立面也用同样的方法进行绘制，如图 3-147 和图 3-148 所示。

图 3-150 调整反光图层的不透明度

42 用与上一步同样的方法制作底盘边缘的高光，然后进行变形处理和降低图层不透明度，如图 3-151 和图 3-152 所示。

图 3-147 手绘底盘顶部

图 3-151 建立高光选区

图 3-148 制作底盘立面

41 大底盘绘制好之后要添加一些细节效果，如反光、投影等。新建图层，使用"钢笔工具" ![pen] 在底盘上面建立选区，颜色设置为白色，再选择"画笔工具" ![pen] 并调整画笔的"大小"，在选区上面涂抹，然后降低图层的不透明度，如图 3-149 和图 3-150 所示。

图 3-152 调整高光图层的不透明度

43 底盘制作好之后，给产品加上投影效果。选择"画笔工具" ![pen] 并调整画笔的"大小"，颜色选择深灰色，在底盘图层下面新建一个图层，然后使用组合快捷键 Ctrl+T 调出自由变换工具，将图形压扁并移动到底盘下面，再调整一下图层不透明度即可，如图 3-153 和图 3-154 所示。

图 3-149 建立反光选区

第3章 图片处理技术

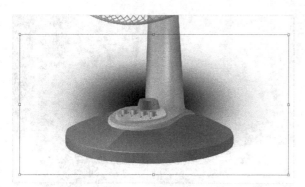

图 3-153 调整投影高度

图 3-154 调整投影图层的不透明度

44 给产品加上投影之后,修图就算完成了。此时,看一下整体效果,再进行个别细节调整就可以导出图片了。导出图片时要导出 JPEG 和 PNG 两种格式的,方便以后重复使用,如图 3-155 和图 3-156 所示。

图 3-155 JPEG 格式

图 3-156 PNG 格式

3.3 调色处理

客户提供的图片如果是修图调色之后的,我们可以直接拿来使用;如果是提供的原图,就需要设计师进行调色处理了。无论是外景实拍图片还是棚拍的图片,都会遇到曝光过度、颜色过暗或色彩偏差大等问题,下面为大家介绍一下解决这些问题的方法。

3.3.1 处理曝光过度的照片

图片曝光过度,会使图片过于明亮,高光处失真,需要用 Photoshop 进行调整,使其恢复原来的细节。

素材路径: 素材文件 >CH03>3.3.1

知识点:曲线色相的调整

01 在 Photoshop 中打开素材图片,如图 3-157 所示。

图 3-157 打开素材图片

02 使用组合快捷键 Ctrl+J 复制图层,再使用组合快捷键 Ctrl+M 调出"曲线"对话框,向下拖动曲线的节点,使图片整体变暗一些,如图 3-158 和图 3-159 所示。

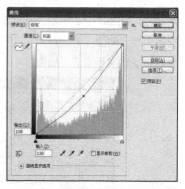

图 3-158 "曲线"调整

图 3-159 调整后的效果

03 将图片的亮度调整之后,再执行"滤镜>锐化>USM锐化"菜单命令调出"USM锐化"对话框,调整参数使图片整体变清晰,如图3-160和图3-161所示。

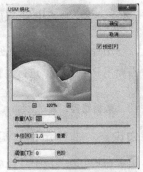

图3-160 锐化调整

图3-164 调色之后的效果

提示
"色相/饱和度"的参数调整不是一成不变的,设计师根据产品图片的实际情况调色,将前后效果进行对比,颜色不失真就可以了。

05 接下来进行图片的细节调整,找出图片中过暗的地方,选择"减淡工具" 并调整画笔"大小",在图片过暗的地方涂抹,使图片变亮一些。再使用"加深工具" 在图片曝光过度的地方涂抹,使图片暗一些,如图3-165和图3-166所示。调整完之后,图片曝光过度的地方就有了细节,如图3-167所示。

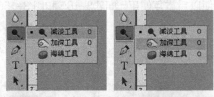

图3-165 减淡工具　　图3-166 加深工具

图3-161 调整后的效果

04 接下来调整图片的颜色,按组合快捷键Ctrl+U调出"色相/饱和度"对话框,在颜色下拉列表中选择"黄色",增加图片中"黄色"的饱和度,还原图片颜色,如图3-162所示。用同样的方法调整"红色"的饱和度,使图片更加鲜艳,如图3-163所示。调整之后,观察图片细节,如图3-164所示。

图3-162 调整"黄色"的饱和度

图3-167 调整后的效果

06 接下来看一下产品修图前后的对比,原图过于明亮,色彩不纯;修图之后的图片色泽饱满,明暗适中,让人食欲大增,如图3-168所示。

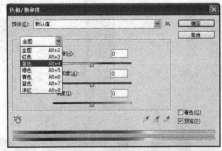

图3-163 调整"红色"的饱和度

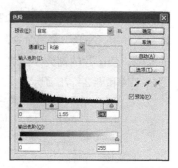

图 3-170 调整色阶

图 3-171 调整后的效果

图 3-168 图片对比

3.3.2 处理曝光不足的照片

拍照时经常会遇到光线不足的情况，会使图片整体变暗，产品失去光泽，暗处会丧失很多细节，使用Photoshop可以让产品恢复原本的模样。

素材路径： 素材文件 >CH03>3.3.2

知识点：色阶和曲线工具的使用

01 在Photoshop中打开素材图片，如图3-169所示。

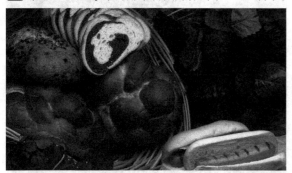

图 3-169 打开素材图片

02 新建图层，使用组合快捷键 Ctrl+J 复制图层，再使用组合快捷键 Ctrl+L 调出"色阶"对话框，调整参数使图片整体变亮一些。调整的时候看一下产品图片，不要过度调亮，如图3-170和图3-171所示。

03 执行"滤镜 > 锐化 >USM 锐化"菜单命令，调整锐化的参数使图片整体变清晰。还可以使用组合快捷键 Ctrl+F 重复进行锐化处理，如图3-172和图3-173所示。

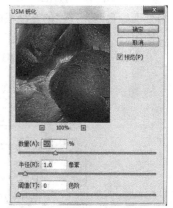

图 3-172 锐化图片

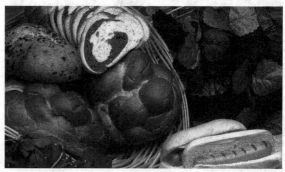

图 3-173 调整后的效果

04 接下来调整图片的阴影和高光。执行"图像 > 调整 > 阴影 / 高光"菜单命令，调整"阴影 / 高光"的参数，使图片的高光不过亮，暗部凸显细节，如图 3-174 和图 3-175 所示。

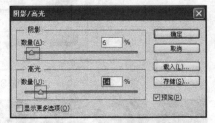

图 3-174 调整"阴影 / 高光"

图 3-175 调整后的效果

05 接下来调整图片的颜色。使用组合快捷键 Ctrl+U 调出"色相 / 饱和度"对话框，调整的方法与处理颜色曝光过度的方法相同，都是调整颜色的"饱和度"，如图 3-176 和图 3-177 所示。

图 3-176 调整"色相 / 饱和度"

图 3-177 调色后的效果

06 接下来调整图片的细节。找出图片中过暗的地方，选择"减淡工具"并调整画笔的"大小"，在图片过暗的地方进行涂抹，使图片变亮一些。再使用"加深工具"在图片曝光过度的地方进行涂抹，使图片暗一些。细节都调整完之后，图片整体效果基本就可以了，曝光不足的地方亮一些，保留了图片细节，如图 3-178 所示。

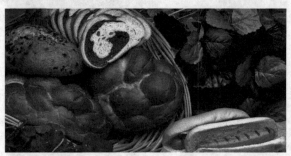

图 3-178 调整后的效果

07 观察产品修图前后的对比效果，如图 3-179 所示。原图曝光不足、色泽暗沉，给人一种面包被烤煳了的感觉；修图之后的图片色泽饱满，散发着一股刚烤出来的面包香味，让人忍不住想尝几口。

图 3-179 图片对比

3.3.3 处理偏色的照片

由于灯光或其他原因，拍出来的照片与实际效果有着明显的色差，饱和度也会降低。这就需要设计师针对照片的色彩进行调色，最终使照片与实际的颜色更接近。

素材路径：素材文件 >CH03>3.3.3

知识点：自动颜色的使用

01 在Photoshop中打开素材图片，如图3-180所示。

图3-180 打开素材图片

02 执行"图像 > 自动颜色"菜单命令，画面中的绿色会减少很多，比较接近自然色，如图3-181所示。

图3-181 调整后的效果

03 此时还不是图片最自然的状态，儿童的皮肤颜色发黄。使用组合快捷键Ctrl+B调出"色彩平衡"对话框，调整后颜色偏向于洋红多一些，儿童的肌肤看起来更自然，如图3-182和图3-183所示。

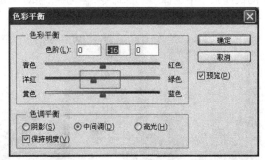

图3-182 调整"色彩平衡"

图3-183 调整后的效果

04 调色完成之后，再对图片进行锐化处理。执行"锐化 >USM 锐化"菜单命令，调整参数使图片变得清晰一些，如图 3-184 所示。

图3-184 锐化后的效果

05 接下来看一下修图前后的对比效果，如图3-185所示。原图颜色呈黄绿色，人物肤色失真；修图之后的图片更加接近自然色，且色泽丰富。

图3-185 图片对比

3.4 图片裁剪

图片修好之后,会根据图片的用途进行裁剪。例如,放在全屏首页上,宽度一般为1920像素,详情页的宽度一般为750像素,按照这样的尺寸做出来的图片才不会变形。

3.4.1 网店图片的规格

网店美工一定要了解各种店铺图片的尺寸及文件大小,在设计图片的时候才不会出错。因为Photoshop中的图片放大后会模糊,所以在设计图片之前一定要了解需要什么尺寸的图片,才能做到有的放矢。下面给大家介绍一下各种图片的尺寸要求。

主图:800像素×800像素,大小不超过500KB。

直通车图片:800像素×800像素,大小不超过500KB。

店标图片:80像素×80像素,大小不超过80KB。

旺旺头像图片:120像素×120像素,大小不超过100KB。

店招+导航组合图片:950像素×150像素。

轮播图:淘宝上的是950像素×(100~600)像素,天猫上的是990像素×(100~600)像素。

淘宝首页模块宽度:950像素。

天猫首页模块宽度:990像素。

淘宝详情页宽度:750像素。

天猫详情页宽度:790像素。

3.4.2 自定义裁剪

有些图片的构图不是很好,需要设计师根据自己的需求进行自定义裁切。裁剪的高度和宽度都没有限制,截取自己需要的区域就可以了。

素材路径: 素材文件 >CH03>3.4.2

知识点:裁剪工具的使用

01 在Photoshop中打开素材图片,如图3-186所示。

图3-186 打开素材图片

02 选择"裁剪工具" ,在工具选项栏中选择"不受约束",用鼠标左键在图片上面从左到右框选即可,如图3-187和图3-188所示。

图3-187 选择"裁剪工具"

图3-188 选择合适区域

03 选定合适的区域之后,单击鼠标右键,在弹出的快捷菜单中选择"裁剪"命令,再选择"移动工具"即可,如图3-189和图3-190所示。

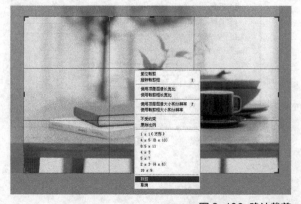

图3-189 确认裁剪

图 3-190 裁剪后的效果

3.4.3 按尺寸裁剪

当需要制作固定尺寸的图片时，就不能随意地对图片进行裁剪了。下面为大家介绍一下将图片裁剪成主图尺寸的方法。

素材路径： 素材文件 >CH03>3.4.3

知识点：等比例裁剪

01 在Photoshop中打开素材图片，如图3-191所示。

图 3-191 打开素材图片

02 选择"裁剪工具" ，调整裁剪方式，选择"1×1（方形）"，如图3-192所示。选取合适的位置进行裁剪，之后选择"移动工具" ，在弹出的对话框中单击"裁剪"按钮即可，如图3-193和图3-194所示。

图 3-192 调整裁剪比例

图 3-193 选择裁剪区域

图 3-194 选择裁剪区域

03 由于原图不是主图的尺寸（800像素×800像素），需要对裁剪后的图片进行调整。按组合快捷键Ctrl+Alt+I调出"图像大小"对话框，调整图像的宽度，如图3-195和图3-196所示。

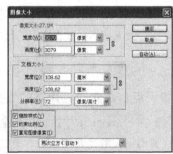

图 3-195 裁剪后的图片尺寸

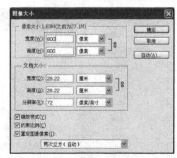

图 3-196 设置为主图尺寸

提示

在设置图片尺寸的时候，一定要在对话框左下角勾选"约束比例"和其他两个选项，这样图片才会等比例地缩小，否则图片会变形。

04 输入主图尺寸之后单击"确定"按钮即可,效果如图 3-197 所示。

图 3-197 主图效果

3.4.4 新建对应尺寸的图片文件

当我们知道各种图片的尺寸之后,制作起来就会更加自如,直接新建对应尺寸的图片文件即可。下面为大家演示一张小海报的尺寸设置方法。

素材路径:素材文件>CH03>3.4.4

知识点:建立对应尺寸的海报

01 在 Photoshop 中执行"文件 > 新建"菜单命令,设置海报尺寸为宽度 950 像素,高度 500 像素,如图 3-198 所示。

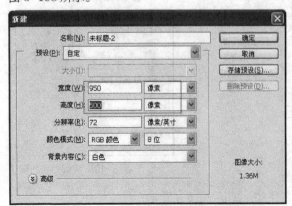

图 3-198 设置尺寸

02 拖入素材图片,使用组合快捷键 Shift+Alt 将图片等比例放大或缩小,调整至合适的位置,如图 3-199 所示。

图 3-199 调整图片尺寸和位置

03 调整好图片尺寸和位置之后,按回车键即可,效果如图 3-200 所示。

图 3-200 调整完成后的效果

3.5 图片合成

将产品图片进行抠图和修图之后,接下来就是对图片的合成处理了。我们制作的大部分图片都是经过合成的,制作方法与修图和抠图的方法大同小异,但是一张图片合成前后的效果是有很大变化的。初级设计师做出来的效果,一般能看出合成的痕迹,产品与背景没有融为一体,如图 3-201 所示。优秀的设计师做出来的画面效果超乎想象,产品与环境完美融合,色彩与排版也让人过目不忘,如图 3-202 所示。

图 3-201 合成图片效果1

图 3-202 合成图片效果 2

下面为大家讲解一下各种图片的合成处理方法。

3.5.1 简单的主图合成

主图一般放在店铺的内部,不做营销推广使用,可以简单地处理一下。找一张与产品相关的背景图片,把产品图片与背景图片进行合成处理,再输入文字即可。

素材路径:素材文件 >CH03>3.5.1
实例路径:实例文件 >CH03>3.5.1

知识点:主图合成技巧

01 使用组合快捷键 Ctrl+N 新建画布,设置宽度和高度均为 800 像素,如图 3-203 所示。

图 3-203 新建画布

02 拖入"产品"图片素材,调整图片的大小,按回车键确认,如图 3-204 所示。

图 3-204 拖入"产品"图片素材

03 使用"横排文字工具"在主图上面输入产品标题。要选择合适的字体,主标题文字的颜色要突出,字体也应比较粗重,如图 3-205 所示。

图 3-205 输入主标题文字

04 接下来给主标题加上一些特效,使其看起来更引人注目。先选择合适的颜色,如图 3-206 所示。

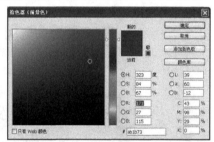

图 3-206 选择颜色

05 按住 Alt 键并在文字图层上面单击,进行盖印图层处理,如图 3-207 所示。再用"画笔工具"在文字的位置进行涂抹,就会出现图 3-208 所示的效果。

图 3-207 盖印图层

图 3-208 涂抹后的效果

06 接下来使用"横排文字工具"在画面上输入副标题,将产品图分散展示和居中对齐,以增加卖点展示,如图3-209所示。

图3-209 输入副标题

07 拖入"花瓣"素材,调整其大小和位置,降低其不透明度,再用"橡皮擦工具"适当地擦除,如图3-210所示。

图3-210 拖入"花瓣"素材

08 拖入素材"小雨点",调整其大小和位置,以作为画面中的点缀元素,如图3-211所示。

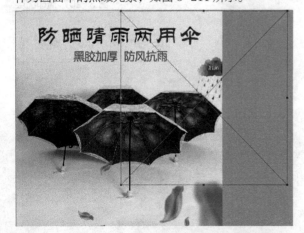

图3-211 调整点缀图片

09 将素材拖进去之后要适当地降低不透明度,因为素材主要起点缀的作用,不能太引人注目。将"填充"设置为78%,也可以降低图层的"不透明度",如图3-212所示。

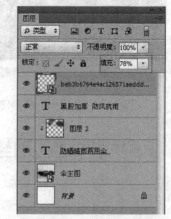

图3-212 降低图层的不透明度

10 将点缀素材都放进去之后,调整一下素材的主次顺序,再将文字居中对齐。调整产品图片的亮度后可以对图片进行一下锐化处理,效果如图3-213所示。

图3-213 合成后的效果

3.5.2 海报图片的合成

海报图片的合成比较费时间和精力,需要收集一些图片素材,组织提炼海报的文案,要做到产品图片和背景及文案的完美统一。

素材路径: 素材文件 >CH03>3.5.2
实例路径: 实例文件 >CH03>3.5.2

知识点：海报合成技巧

01 使用组合快捷键 Ctrl+N 新建画布，设置宽度为 2480 像素，高度为 3508 像素。如果海报是需要打印的，那分辨率应该设置为 300 像素/英寸，如图 3-214 所示。

02 设置好图像之后将"背景"素材拖入，并调整素材的大小，按回车键即可，如图 3-215 所示。

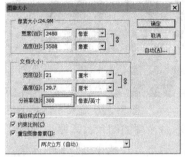

图 3-214 新建画布　图 3-215 拖入"背景"素材

03 把"背景2"素材拖进来，按回车键即可，如图 3-216 所示。

04 将图层混合模式修改为"滤色"，将填充设置为 57%。也可以自己调整一下图层混合模式，看哪种模式使图片效果更好，目前"滤色"模式比较合适，如图 3-217 所示。

图 3-216 拖入"背景2"素材　图 3-217 调整图层混合模式

05 拖入"笔记本"等素材，再调整它们的大小和位置，按回车键即可，如图 3-218 所示。

图 3-218 拖入素材

06 拖入图片后，其颜色可能会与背景的颜色不协调，使用组合快捷键 Ctrl+B 对"色彩平衡"进行调整，使产品与背景融为一体。颜色调整完之后，需要给产品加上投影，以增加产品的稳定度，如图 3-219 和图 3-220 所示。

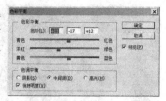
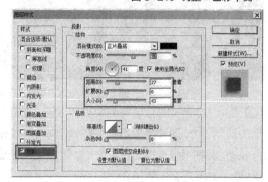

图 3-219 调整"色彩平衡"

图 3-220 调整"投影"

07 拖入"机器人"素材，调整其大小和位置，对产品进行调色处理，再拖入"光芒"素材并调整其大小和位置，如图 3-221 和图 3-222 所示。

图 3-221 拖入"机器人"素材

图 3-222 拖入"光芒"素材

08 拖入"摄像头"素材,将其放到海报的右上角并调整其大小和位置,再进行调色处理,如图3-223所示。

图3-223 拖入"摄像头"素材

09 拖入"灯光"素材,调整其大小和位置,放置在摄像头图层下方,图片色彩不应太鲜艳,应当对灯光进行处理。将图层混合模式设置为"滤色",使光芒显得更自然,如图3-224和图3-225所示。

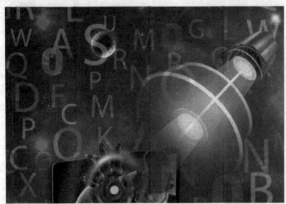

图3-224 拖入"灯光"素材

图3-225 调整图层混合模式

10 拖入"点缀"素材,放在海报的左上角,调整其大小和位置,再进行调色处理,如图3-226所示。

图3-226 拖入"点缀"素材

11 这些点缀素材不是主要的图片,需要进行模糊处理。执行"滤镜 > 模糊 > 动感模糊"菜单命令,调整模糊的角度和距离,使产品能够清晰显示,有一些动感特效即可,如图3-227和图3-228所示。

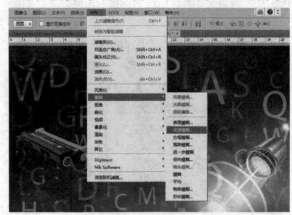

图3-227 选择"动感模糊"

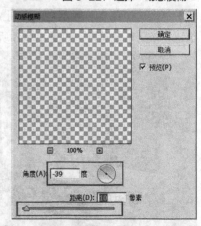

图3-228 调整模糊的"角度"和"距离"

12 拖入"打印机1"和"打印机2"产品素材,分别放置在画面的左下角和右下角,再调整画面的整体颜色,如图3-229和图3-230所示。

图 3-229 拖入"打印机 1"素材

图 3-230 拖入"打印机 2"素材

13 产品素材放置好后,需要为产品添加投影。调整投影的"不透明度""距离""大小"等参数,如图 3-231 所示。使用"横排文字工具"在海报上面输入公司名称,居中放置,如图 3-232 所示。

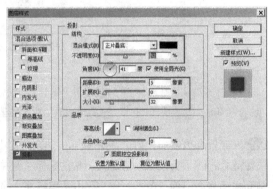

图 3-231 投影设置

图 3-232 输入公司名称

14 因为公司名称是海报上的主要文字,所以需要给它加一些特效。双击文字图层,在弹出的"图层样式"对话框中对各项参数进行调整,如图 3-233 和图 3-234 所示。

图 3-233 文字效果

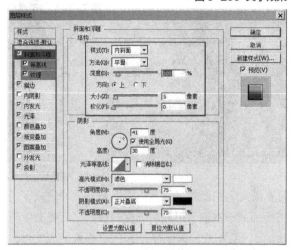

图 3-234 "图层样式"参数

15 拖入"光芒 1"和"光芒 2"素材,放置在文字的右上角,将图层混合模式调整为"滤色",然后复制该图层并移动到文字的左下角,使文字更加炫酷,如图 3-235 所示。

图 3-235 给文字添加光芒

16 使用"横排文字工具"输入公司简介,颜色可以选择桃红色,使其与背景颜色统一,但是又比背景鲜艳,如图 3-236 所示。

图 3-236 输入公司简介

17 在文字图层上面新建"图层1"图层，选择"画笔工具"，将颜色设置为亮紫色，进行盖印图层处理，使文案有明暗的变化且增加了层次感，如图3-237和图3-238所示。

图 3-237 盖印图层

图 3-238 调整后的效果

18 给文字加上效果之后，海报基本上就完成了。对版面的一些细节可以再细微调整，之后将文件导出为JPEG格式，再保存一下PSD格式的源文件，方便以后修改，效果如图3-239所示。

图 3-239 完成的海报效果

3.5.3 "掌柜推荐"图片合成

"掌柜推荐"图片的做法一般是在产品图上添加促销文案，合成的方法也比较简单。"掌柜推荐"图片一般放在首页轮播海报的下面，宽度是990像素或950像素，有的全屏设计是用代码来实现的，宽度就没有限制了。下面介绍990像素宽的"掌柜推荐"图片的合成方法。

素材路径：素材文件 >CH03>3.5.3
实例路径：实例文件 >CH03>3.5.3

知识点："掌柜推荐"图片的合成

01 使用组合快捷键Ctrl+N新建画布，设置宽度为990像素，高度为2000像素，如图3-240所示。

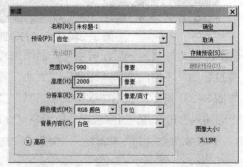

图 3-240 新建画布

提示
画板的高度只是暂时定的，真正设计的时候如果出现内容填充不完的情况，可以用"裁剪工具"进行处理。

02 建立好画板之后，为了方便操作，可以使用组合快捷键Ctrl+R显示标尺，在标尺上按住鼠标左键并向画面拖动就会出现一条参考线。双击图层解锁，使用组合快捷键Ctrl+T调出自由变换工具，根据定界框添加参考线放在图像中间，以便排版的时候图片能居中对齐，如图3-241和图3-242所示。

图 3-241 显示标尺

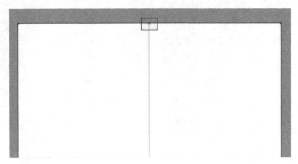

图 3-242 设置参考线居中

> **提示**
>
> 在做设计的时候，参考线用处很大，在进行对齐、居中调整的时候都会用到。想隐藏参考线时，使用组合快捷键 Ctrl+H 即可。参考线只是参考线，导出图片的时候不会显示实际的线，不用担心影响画面美观。

03 拖入素材"山"，使用组合快捷键 Ctrl+T 调出自由变换工具将图片与参考线对齐，接着输入文字"掌柜推荐"，把文字颜色设置为红色，如图 3-243 和图 3-244 所示。

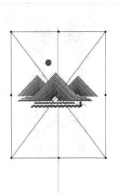

图 3-243 拖入素材

图 3-244 输入并设置文字

04 拖入"桌椅"素材，按组合快捷键 Ctrl+T 调出自由变换工具调整图片大小，将图片拖到界面左上方，在右侧输入文字，如图 3-245 和图 3-246 所示。

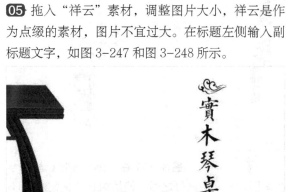

图 3-245 拖入"桌椅"素材

图 3-246 输入文字

05 拖入"祥云"素材，调整图片大小，祥云是作为点缀的素材，图片不宜过大。在标题左侧输入副标题文字，如图 3-247 和图 3-248 所示。

图 3-247 拖入"祥云"素材

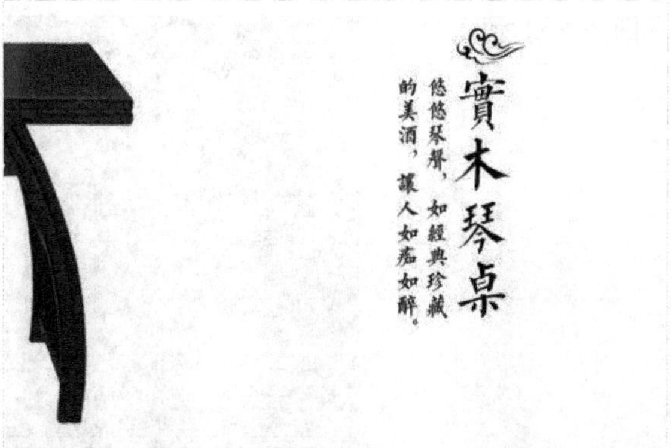

图 3-248 输入副标题文字

06 拖入"印章"素材并放置在主标题文字下方,再输入文字,如图3-249和图3-250所示。

图3-249 拖入"印章"素材

图3-250 在"印章"素材上输入文字

07 图片和文字做好之后,使用组合快捷键Ctrl+G将其编组,并重命名为"推荐1",接下来制作下面的推荐图片。一般来说,推荐产品一列有3个,产品的尺寸是一样的。选择"矩形选框工具" ,画一个矩形,并设置"填充"和"描边"的颜色,如图3-251和图3-252所示。

图3-251 为图层编组

图3-252 绘制矩形

08 将"椅子1"素材拖入矩形框里,调整其大小和位置,在下面输入产品名称,如图3-253和图3-254所示。

图3-253 拖入产品图片

图3-254 输入产品名称

09 在文字下面拖入一个书法笔触素材,以增加画面的文化气息。在右侧添加一个红色的"方形印章"底纹素材,如图 3-255 和图 3-256 所示。

图 3-255 拖入书法笔触素材

图 3-256 拖入红色印章素材

10 在印章上面输入"点击购买",再调整一下文字的行间距,使文字看起来更舒适、自然一些,如图 3-257 和图 3-258 所示。

图 3-257 输入文字

图 3-258 调整文字行间距

11 将图形和文字图层编组并重命名为"推荐 2",使用组合快捷键 Ctrl+J 复制图层组,按住 Shift 键,使用组合快捷键 Ctrl+T 调出自由变换工具将产品图水平右移。以同样的方法再复制一份,如图 3-259 和图 3-260 所示。

图 3-259 为图层编组

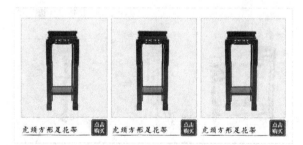

图 3-260 复制图层组

12 将"椅子 2"素材拖进来,调整其大小和位置,再修改下面的产品名称。用同样的方法做第 3 个推荐产品,拖入"椅子 3"素材,如图 3-261 和图 3-262 所示。

图 3-261 修改第 2 个产品

图 3-262 修改第 3 个产品

13 将 3 个产品图都制作好之后,复制这 3 个图层组,用上面的方法将图层组水平下移,之后分别修改产品和对应的产品名称,如图 3-263 和图 3-264 所示。

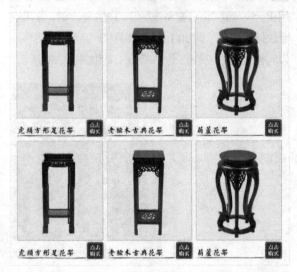

图 3-263 复制 3 个图层组

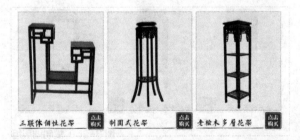

图 3-264 修改复制后的 3 个产品及名称

14 将推荐的产品都替换完成后,检查一下产品和名称是否能对应上。再仔细调整产品的位置,看图片上方是否有多余的空白部分,如果有就用"裁剪工具" 去除多余的部分,然后就可以导出图片了,如图 3-265 和图 3-266 所示。

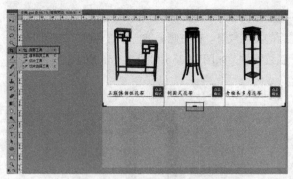

图 3-265 裁剪多余的空白部分

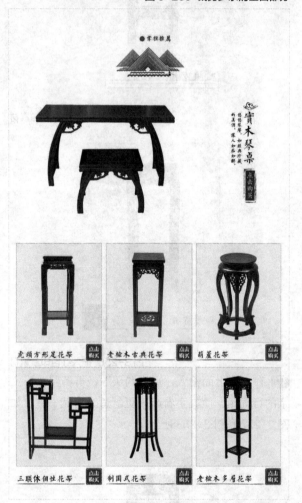

图 3-266 "掌柜推荐"图片完成图

3.5.4 给图片加水印

将产品图片设计完成之后,需要给图片添加水印。添加水印是为了防止同行盗图,但是图片加上水印会影响整体的视觉效果。一般来说,都会降低水印的不透明度,在不影响美观的同时又保证了图片的安全。

> **素材路径：** 素材文件 >CH03>3.5.4

知识点：添加水印的方法

01 在 Photoshop 中打开素材图片,调整图片的大小,然后拖入"水印"素材,如图 3-267 和图 3-268 所示。

图 3-267 打开素材图片　　　　　　　　　　　　　图 3-268 拖入"水印"素材

02 将水印的图层"不透明度"设置为 41%,如图 3-269 所示。再调整水印的位置,之后就可以导出图片了,如图 3-270 所示。

图 3-269 调整图层的"不透　　　　　　　　　　　　图 3-270 添加水印后的效果
　　　　　明度"

3.6 本章疑难问题解答

问题1：制作海报必须要学会抠图吗？

答：这个问题的答案不是绝对的，不过大部分的图片是需要进行抠图处理的。因为很多产品都是在棚内进行拍摄，背景是纯色的，不进行抠图处理效果会很单一。如果进行了抠图处理，再根据产品的特性搭配合适的背景和文案做出来的效果会更好。也有个别情况不需要抠图处理，如一些场景实拍的图片，产品本身和场景十分融合，颜色搭配又很合理，只需要在图片上面加上合适的文案就可以了。

问题2：给产品修图时，需要用Photoshop重新画一遍产品吗？

答：产品修图要分程度，有些是简单的修图，只需调一下颜色，个别的地方需要画一下以增加亮点，不需要大面积处理。对于产品精修来说，就需要使用 Photoshop 全部画出来。精修图片是非常耗费时间的，当然精修的图片价格也高，精修完之后的图片跟原图一对比，就会感觉精修后的图焕然一新，非常有质感。

问题3：如何区分主图、详情图、首页图片的尺寸？

答：主图、详情图和首页图片的尺寸都不一样，主图是详情页顶端的首图，尺寸是 800 像素 × 800 像素，是正方形的，很容易记。详情图是具体产品的介绍图，天猫上的尺寸是790像素(宽)，淘宝上的是750像素(宽)，高度不限。首页图片在网店的首页展示，天猫店铺首页图片是 990 像素宽，淘宝店铺首页图片的是950像素宽。有的店铺首页是全屏展示的，全屏首页图片的宽度是1920像素，高度不限。

问题4：图片都需要加水印吗？

答：淘宝行业卖家众多，有的卖家经济实力雄厚，他们会请模特和用优秀的摄影团队做出高质量的图片；有的小卖家为了节省开支，直接盗用别人的图片放在自己的详情页上面。因此，一些商家为了怕被盗图，会在产品上面加上水印。加水印的这种方法虽然能防止同行盗图，但是大大降低了图片的美观度。随着淘宝规则的完善，对盗图的商家有了更严厉的惩罚措施，能够保护原创者的利益。随着科技的进步，也可以在上传产品图片的时候增加防盗设置，这样产品图片就不用加水印了。

第4章
活动图片及视频设计与制作

主图介绍　　视频拍摄　　视频软件　　视频制作

4.1 主图介绍

主图是店铺中必不可少的图片,能展示5张。一般来说,详情页上面的第1张图为功能介绍,让客户一眼看明白产品的功能,第2、3张是产品不同角度展示,第4、5张是细节展示,让客户更加清晰地看到产品的卖点。下面为大家介绍主图的设计方法。

4.1.1 主图设计

素材路径: 素材文件 >CH04>4.1.1
实例路径: 实例文件 >CH04>4.1.1

知识点:主图合成

01 打开 Photoshop 软件,使用组合快捷键 Ctrl+N 新建画布,设置宽度和高度均为 800 像素,如图 4-1 所示。

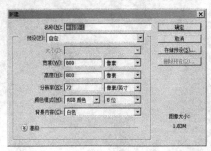

图 4-1 新建画布

02 拖入 "背景" 素材,由于图片是长方形的,不能完全填充画面,按住 Shift 键,使用组合快捷键 Ctrl+T 调出自由变换工具拖动图片的右下角,使图片填充到背景中,再按回车键即可,如图 4-2 所示。

图 4-2 拖入 "背景" 素材

03 拖入 "摩托车" 素材,调整图片的大小,按回车键确认,按住鼠标左键将产品图片拖到合适的位置,如图 4-3 所示。

图 4-3 拖入 "摩托车" 素材并移动

04 使用 "钢笔工具" 进行抠图,使用组合快捷键 Ctrl+Enter 建立选区,如图 4-4 所示。

图 4-4 建立选区

05 建立选区之后,使用组合快捷键 Ctrl+J 复制图层,再使用 "钢笔工具" 把摩托车前轮胎中间的地面抠掉,如图 4-5 和图 4-6 所示。

图 4-5 复制图层

图 4-6 抠除多余地面

06 拖入"模特"素材,调整其位置和大小,使模特位于左边。根据模特的姿势,调整摩托车的位置,如图 4-7 所示。

图 4-7 拖入"模特"素材

07 接下来给模特添加投影,选择"画笔工具",设置画笔的颜色为黑色,再调整画笔的"大小",在需要加投影的地方涂抹,这时出现了黑色的投影。使用组合快捷键 Ctrl+T 调出自由变换工具对投影进行变形处理,压缩成细长条并调整位置。用同样的办法给摩托车加投影,如图 4-8 和图 4-9 所示。

图 4-8 给模特加投影

图 4-9 给摩托车加投影

08 选择"横排文字工具",调整字号的大小,在画面上输入主标题文字。如果要突出文字,可以对文字进行倾斜处理,如图 4-10 所示。

图 4-10 输入主标题文字

09 输入文字之后需要再增加一些效果,因为主产品是摩托车,要突出它的速度感,那么主标题的效果要看起来很炫酷。复制文字图层,栅格化图层后执行"滤镜>风格化>风"菜单命令,给文字加特效,如图 4-11 和图 4-12 所示。

图 4-11 栅格化文字

图 4-12 选择滤镜

⑩ 调整滤镜的参数后单击"确定"按钮，如图 4-13 和图 4-14 所示。

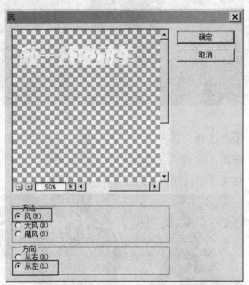

图 4-13 参数设置

图 4-14 设置后的效果

⑪ 主标题制作好之后，输入副标题文字，调整文字的颜色，如图 4-15 所示。

图 4-15 输入副标题文字

⑫ 接下来对摩托车进行修图处理，首先使用组合快捷键 Ctrl+L 调出"色阶"对话框，调整图片的色阶，增大图片的颜色对比，再执行"滤镜 > 锐化 > USM 锐化"菜单命令，使图片变得更清晰一些，如图 4-16 和图 4-17 所示。

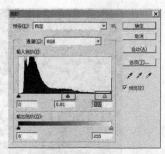

图 4-16 调整色阶

图 4-17 锐化后的效果

⑬ 调整产品的细节，使用"钢笔工具" 在产品上建立选区，再选择"画笔工具" ，颜色设置为白色，调整画笔"大小"，再调整图层的"不透明度"，如图 4-18 和图 4-19 所示。

图 4-18 建立选区　图 4-19 调整不透明度

⑭ 用同样的方法继续修图，使摩托车看起来更加明亮，如图 4-20 和图 4-21 所示。

图 4-20 修饰车身

图 4-21 制作完成的主图

效果分析

该主图布局合理，人物的姿势和眼神与摩托车形成了很好的互动。背景是现代化建筑，体现了科技感；主标题文字的特效体现出了速度感，与产品的特性很吻合，画面的整体色调很统一。

4.1.2 直通车图片设计

直通车图片要求比较高，需要体现出一定的创意，让客户第一眼就认识产品，吸引客户下单购买。下面为大家介绍一下直通车图片的设计方法。

素材路径：素材文件＞CH04＞4.1.2
实例路径：实例文件＞CH04＞4.1.2

知识点：直通车图片设计

01 使用组合快捷键 Ctrl+N 新建画布，设置宽度和高度均为 800 像素，如图 4-22 所示。

图 4-22 新建画布

02 拖入"背景"素材，调整图片的大小，再调整图片的位置，如图 4-23 所示。

图 4-23 拖入并调整"背景"素材

03 拖入"人物"素材，调整图片的大小和位置，如图 4-24 所示。

图 4-24 拖入并调整"人物"素材

04 拖入"刹车盘"素材，移动刹车盘位置并遮盖住"人物"的盾牌，如图 4-25 所示。

图 4-25 拖入并调整"刹车盘"素材

05 对刹车盘进行抠图。在界面左侧和顶部拖出参考线，使用"椭圆选框工具"从参考线的交叉点开始拖动，使圆形选区覆盖刹车片中间的圆孔，按 Delete 键删除选择区域，如图 4-26 和图 4-27 所示。

图 4-29 拖入并调整"光芒1"素材

07 复制"光芒1"素材图层并放在刹车盘的左上角，使刹车盘更有力度。为了体现速度感，使用组合快捷键 Ctrl+J 再复制一层刹车盘，如图 4-30 和图 4-31 所示。

图 4-26 拖出参考线

图 4-30 复制并调整"光芒1"素材

图 4-31 复制刹车盘图层

图 4-27 确立选区

06 用同样的方法把其他圆形都抠掉。接下来，拖入"光芒1"素材并调整其角度和大小，如图 4-28 和图 4-29 所示。

08 执行"滤镜 > 模糊 > 动感模糊"菜单命令，调整模糊参数中的"角度"和"距离"，使刹车盘呈现出速度感，如图 4-32 所示。

图 4-28 抠出其他圆孔

图 4-32 调整模糊参数

09 将模糊后的刹车盘图片拖到下一个图层，这样模糊的地方就只能看到边缘的一部分，符合正常的视觉习惯。接下来选择最上层的刹车盘，使用组合快捷键 Ctrl+L 调出"色阶"对话框，调整参数以增加产品的对比度，如图 4-33 和图 4-34 所示。

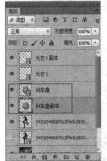
图 4-33 移动图层

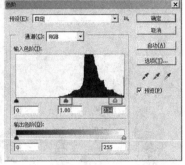
图 4-34 调整色阶

图 4-37 拖入"Logo"素材

10 执行"滤镜 > 锐化 > USM 锐化"菜单命令，调整锐化参数，使刹车盘更加清晰，如图 4-35 所示。

图 4-35 锐化参数调整

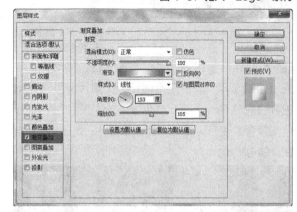
图 4-38 设置图层样式

13 输入标题文字，双击文字所在的图层，在弹出的"图层样式"对话框中勾选"描边"和"渐变叠加"选项并设置参数，如图 4-39 和图 4-40 所示。

11 拖入"火光"素材，使刹车盘与背景更加融合，显得自然、逼真，如图 4-36 所示。

图 4-36 拖入并调整"火光"素材

图 4-39 输入文字

12 拖入"Logo"素材，调整其大小和位置，然后双击 Logo 所在的图层，调整 Logo 的图层样式，加上红黄渐变的效果，如图 4-37 和图 4-38 所示。

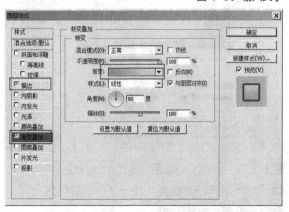
图 4-40 设置图层样式

14. 拖入"光芒 2"素材，调整素材的高度和宽度。光芒素材的颜色可能不太符合主色调，可以调整图层的混合模式为"变亮"，使光芒感更加明显，如图 4-41 和图 4-42 所示。

图 4-41 拖入"光芒 2"素材　　图 4-42 调整图层的混合模式

15. 使用组合快捷键 Ctrl+J 复制光芒，移动到文字左上角就可以了。接下来调整一下图片背景，使用组合快捷键 Ctrl+L 调出"色阶"对话框并设置参数，使图片背景变暗，使刹车盘更加突出，如图 4-43 和图 4-44 所示。

图 4-43 复制光芒素材

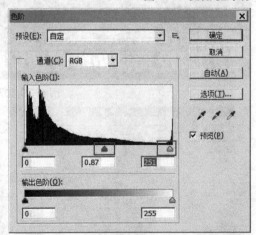

图 4-44 调整色阶

16. 将图片都制作好之后，再进行一些细微的调整，如移动一下产品的位置、调一下刹车盘的颜色等，然后导出图片即可，如图 4-45 所示。

图 4-45 制作完成的直通车图片

效果分析

该直通车图片很好地把"人物"手中的盾牌和产品结合了起来，在枪林弹雨的背景中迎面而来，图中的刹车盘边缘冒着火光呈现出了很强的速度感。下面文字的颜色在整体画面色调一致的情况下又十分突出，让客户一眼就能看出该产品的卖点。

4.1.3 钻展图片设计

钻展，顾名思义就是钻石展位，需要用独特的创意图片来吸引客户单击，获得超大流量。钻展图片是淘宝卖家增加销量、吸引流量必不可少的营销工具。

1.钻展图片排版布局

钻展图片的排版布局很丰富，下面为大家介绍 3 种基本的布局形式。

第 1 种：左图右文（或左文右图），如图 4-46 所示。

图 4-46 左图右文排版

第 2 种：左右两侧为产品或者模特，中间部分为文案，如图 4-47 所示。

图 4-47 两侧产品或模特，中间文案的排版

第 3 种：上下为文案，中间为产品图片，如图 4-48 所示。

图 4-48 上下文案中间产品的排版

2.钻展图片设计演练

钻展图片在很多地方都会出现，如淘宝首页和旺旺广告中。钻展图片的尺寸一般为 300 像素 ×100 像素、300 像素 ×250 像素和 190 像素 ×90 像素等（制作图片的时候一定要先确定好尺寸）。下面为大家讲解尺寸为 520 像素 ×280 像素的淘宝首页钻展图的设计方法。

素材路径：素材文件 >CH04>4.1.3
实例路径：实例文件 >CH04>4.1.3

知识点：钻展图片设计

01 使用组合快捷键 Ctrl+N 新建画布，设置宽度为 520 像素，高度为 280 像素，如图 4-49 所示。

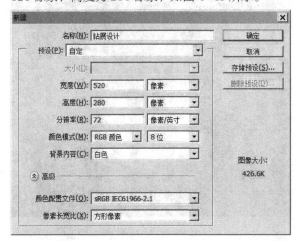

图 4-49 新建画布

02 拖入"背景"素材，调整图片大小，使其填充画布，再单击鼠标右键，在弹出的快捷菜单中选择"水平翻转"命令，如图 4-50 和图 4-51 所示。

图 4-50 拖入"背景"素材

图 4-51 调整图片

03 拖入"鞋子1"素材，调整图片大小，同样翻转图片。再调整鞋子的大小，放在画面左侧，如图 4-52 和图 4-53 所示。

图 4-52 拖入"鞋子1"素材

图 4-53 翻转鞋子

04 用同样的方法拖入"鞋子2"素材，调整其大小和位置并放置在图片右侧，如图4-54所示。

图4-54 拖入并调整"鞋子2"素材

05 给蓝色鞋子添加一些特效，复制"鞋子1"图层，执行"滤镜>模糊>动感模糊"菜单命令，调整模糊的"角度"和"距离"，使鞋子更有速度感，如图4-55所示。

图4-57 加入飞溅的泥浆

07 用同样的方法模糊"鞋子2"素材，把图层移动到未模糊鞋子图层的下面，调整其大小和位置，如图4-58和图4-59所示。

图4-55 设置模糊参数

06 把模糊的鞋子拖到下一层，移动其位置。再拖入"蓝色泥浆"素材，调整其大小和角度，使其符合鞋子的运动方向，如图4-56和图4-57所示。

图4-58 模糊"鞋子2"素材

图4-56 调整鞋子的位置

图4-59 调整鞋子的大小和位置

08 拖入"白色泥浆"素材，调整其大小和位置，使用"橡皮擦工具"擦除多余的部分，调整鞋子和"白色泥浆"素材的位置，如图4-60和图4-61所示。

图 4-60 擦除多余内容

图 4-61 调整鞋子位置

09 选择"椭圆工具" ，将前景色设置为黑色，按住 Shift 键画一个圆形，调整其"不透明度"。选中圆形图案所在的图层，单击鼠标右键，在弹出的快捷菜单中选择"栅格化图层"命令，使用"钢笔工具" 在圆形图案上建立一个选区，如图 4-62 和图 4-63 所示。

图 4-62 新建圆形图案

图 4-63 建立选区

10 建立选区之后，使用组合快捷键 Ctrl+X 剪切，使用组合快捷键 Ctrl+V 粘贴，然后移动图层，使其有错落的感觉。使用"横排文字工具" 在圆形图片上面输入文字，如图 4-64 和图 4-65 所示。

图 4-64 分割图案

图 4-65 输入文字

11 输入主标题之后需要给其添加一些效果，对文字图层进行栅格化处理。用同样的方法，在文字图层上面用"钢笔工具" 建立选区，再移动选区，使文字中间有缝隙，如图 4-66 和图 4-67 所示。

图 4-66 建立选区

图 4-67 设置文字特效

12 制作好主标题之后，接下来输入用于吸引客户的卖点文字，再调整一下文字和图形的位置关系，如图4-68和图4-69所示。

图4-68 输入卖点文字

图4-69 调整文字的位置

13 对"抢购"二字进行一些特效处理。复制文字图层，然后对其进行栅格化处理。执行"滤镜 > 风格化 > 风"菜单命令，调整滤镜的参数，如图4-70和图4-71所示。

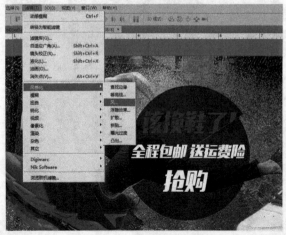

图4-70 选择滤镜

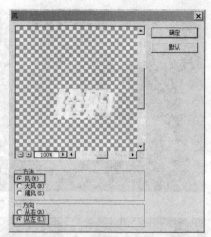

图4-71 调整滤镜参数

14 处理完文字之后，再稍微调整一下背景色调和文案布局。导出图片后，就算设计完成了钻展图片，如图4-72所示。

图4-72 完成的钻展图片

效果分析

该钻展图片的排版比较有个性，两只鞋子排列得如同一个人迈着大步在奔跑，与背景上面的人物相呼应，鞋子后面溅起的泥浆使产品更加生动。背景中的人物在雨中暴走体现出速度与力量，很好地体现了产品的品质；图片中心的文案排版错落有致，卖点突出，会让客户忍不住下单。

4.1.4 "聚划算"图片设计

很多淘宝卖家会参加"聚划算"的活动，"聚划算"图片要求设计简洁大方，主题突出，能够让客户一眼就看到主推产品，了解产品属性，从而下单购买产品。

1. "聚划算"图片的要求

"聚划算"图片上面主要展示Logo和产品图片，下面为大家介绍一下相应要求。

Logo 位置

把 Logo 统一放置在图片左上角，距离图片左侧和顶部 60 像素；Logo 宽不超过 180 像素，高不超过 120 像素；Logo 上面不显示商铺名称、营销文案等信息。

Logo 位置示意如图 4-73 所示。

图 4-73 Logo 位置示意

产品图片

产品图片在画面中的布局要合理，最好居中放置，理想尺寸为 800 像素×480 像素。"聚划算"图片尺寸为 960 像素×640 像素，如图 4-74 所示。

图 4-74 产品图片位置

放置产品图片时需要注意的问题

产品数量不宜过多，最多两个产品，太多了会分散客户的注意力；一定要将产品进行完整展示，不能出现产品顶部截掉或产品位置过低等情况；画面一定要干净整洁，禁止出现促销文案和水印；图片背景建议简单统一，方便突出主要产品，如果背景带场景，建议模糊处理一下。

下面给大家展示的分别是正确和错误的"聚划算"图片排版，如图 4-75 和图 4-76 所示。

图 4-75 正确的"聚划算"图片排版

图 4-76 错误的"聚划算"图片排版

2. "聚划算"图片制作

下面为大家介绍一下"聚划算"图片的制作步骤。

素材路径：素材文件 >CH04>4.1.4
实例路径：实例文件 >CH04>4.1.4

知识点："聚划算"图片制作

01 使用组合快捷键 Ctrl+N 新建画布，设置宽度为 960 像素，高度为 640 像素，如图 4-77 所示。

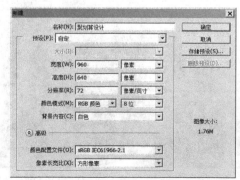

图 4-77 新建画布

02 拖入"背景"素材,调整图片大小和位置,按回车键确认,如图4-78所示。

图4-78 拖入素材图片

03 给图片加上Logo。添加参考线,"位置"为30px,垂直和水平同样设置,如图4-79和图4-80所示。

图4-79 "新建参考线"设置

图4-80 建立水平和垂直参考线

04 拖入产品Logo,放置在图片左上角,调整图片的大小和位置,按回车键确认,如图4-81所示。

图4-81 拖入并调整Logo图片

05 调整图片颜色,使用组合快捷键Ctrl+U调整"色相/饱和度",分别提高"红色"和"绿色"的饱和度,使图片更加鲜艳,如图4-82和图4-83所示。调整完颜色之后,红枣色泽红润,让人眼前一亮,忍不住想咬上一口,如图4-84所示。

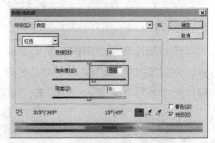

图4-82 提高"红色"饱和度

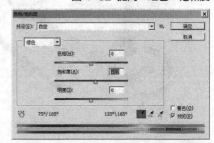

图4-83 提高"绿色"饱和度

图4-84 产品调色之后的效果

06 调整产品的细节,执行"滤镜 > 锐化 > USM 锐化"菜单命令,提高图片的清晰度,如图 4-85 所示。

07 接下来模糊处理背景,使产品更加清晰。使用组合快捷键 Ctrl+J 复制图层,执行"滤镜 > 模糊 > 高斯模糊"菜单命令,调整模糊的"半径",如图 4-86 所示。

效果分析

该"聚划算"图片的排版形式较经典,色彩饱满,产品居中展示可以让人一眼就能看到,周围绿色背景点缀使产品颜色更加突出,散落的枣在画面里显得随意、自然。

4.2 视频拍摄

淘宝购物属于线上交易,优点很多,但也有一些弊端。买家不能看到实物,无法感受产品的大小、颜色和功能等信息,很多买家看了详情图片就下单,结果到手的实物跟想象中的产品差距太大,会出现很多退换货的情况,给卖家造成一些经济损失。

现在随着技术的进步,淘宝上已经能够上传视频了,客户可以很直观地看到自己心仪的产品。视频上的语音讲解和现场操作能使客户打消很多顾虑,能更加迅速地完成下单并付款。

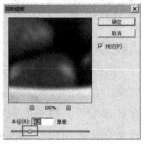

图 4-85 锐化图片　　图 4-86 调整模糊的"半径"

08 图片模糊之后,选择"橡皮擦工具" ,调整橡皮擦"大小",擦除红枣等主要产品,使背景虚化,这样就制作完成了"聚划算"图片,之后将图片导出即可,如图 4-87 和图 4-88 所示。

4.2.1 拍摄流程

拍摄视频时,需要一些摄像器材,大的公司可以购买专业机器来拍摄;对中小型卖家来说,使用单反相机或者高清手机拍摄也是一种办法。因为主图和详情页上面的视频尺寸要求不是太大,只要内容清晰就可以了。

1.分析产品优势

在拍摄视频之前,需要了解产品的卖点和其所针对的客户人群。从客户的角度介绍产品,用最短的视频介绍让客户了解产品的优势。根据产品特性可以增加语音解说,让客户身临其境地感受到产品的优势,如图 4-89 所示。

图 4-87 图片模糊效果

图 4-88 制作完成的"聚划算"图片

图 4-89 毛球修剪器主图视频截图

2.准备素材

在拍摄前,为了画面的美观,一般会放一些道具来装饰拍摄场景,道具的选择要根据产品的特性来定。如果是拍摄咖啡视频,那旁边就放一些咖啡豆、报纸等道具来衬托一种格调高雅的氛围,如图4-90所示。如果产品是香水,那就放一些花、珍珠等点缀,这样背景明亮、产品突出,如图4-91所示。

图4-90 咖啡场景

图4-91 香水场景

大部分视频都是在室内拍摄的,其特点是场景小,比较好控制灯光道具。如果产品非常大或者是适合外景拍摄的情况,需要对场地有一些要求。尽量找一些人少安静的场地,以更符合产品的气质。镜头中的产品、模特占据主要位置,背景只是起到陪衬的作用,拍摄的时候尽量把多个角度都拍一下,以方便后期的剪辑处理。

3.准备拍摄

当布置好场景并调好灯光之后,就可以进行拍摄了。拍摄现场一定要安静,避免有杂音的干扰,如图4-92所示。

图4-92 室内棚拍

4.视频处理

拍摄完视频之后,要对拍摄的视频进行处理,剪辑出合适的片段。如果需要添加Logo、字幕、背景音乐等,需要用到专门处理视频的软件。比较大众化的视频处理软件为会声会影,专业的软件有Premiere等。后面我们处理视频的时候会以Premiere软件为基础进行讲解。

4.2.2 构图

拍摄时的构图很重要,离产品近了、远了或者偏了都不能很好地体现产品的特点。优秀的构图是让产品和点缀素材完美结合,主体产品能够牢牢抓住客户的眼球,点缀素材能丰富画面,这样的视频既好看又实用。

1.主体突出

视频拍摄时,镜头内的构图要饱满,主体产品要占屏幕五分之三的空间,位置尽量居中,产品在画面的视觉中心,这样能牢牢抓住客户的眼球,如图4-93所示。

图4-93 主体突出的构图

2.虚实结合

当拍摄的产品都是一样的,而且数量很多时,可以采用虚实结合的方法拍摄。近实远虚既突出产品细节,又能使产品显得很丰富,使客户对产品了解得更细致,如图4-94所示。

图4-94 虚实结合的构图

3.点缀搭配

在拍摄产品的时候一定要注意搭配,产品要有主次之分,红花也得有绿叶来配。只有产品会显得单调,加入合适的点缀素材会使画面效果更加有韵味,如图4-95所示。

图4-95 有点缀搭配的画面

4.2.3 角度

拍摄角度的选取一般都是根据产品特性决定的,常用的有平拍、45°俯拍、俯拍和仰拍等拍摄角度,目的都一样,就是要更好地体现产品的卖点。

1.平拍

平拍是最常用的拍摄角度,应用于大多数产品的拍摄。平拍比较符合我们正常的视觉习惯,很少会出现因透视问题造成产品变形而不能看到产品全貌的情况。建议拍摄时尽量使用平拍,如图4-96所示。

图4-96 平拍的产品

2. 45°俯拍

45°俯拍也是被经常使用的拍摄角度,其介于平拍和俯拍之间,结合两者优势,使客户看到更多的细节,呈现的空间更大、更通透,如图4-97所示。

图4-97 45°俯拍的产品

3.俯拍

俯拍是作为特殊角度来吸引顾客的,不能经常使用,要根据产品的特性来选择。例如,沙发、风扇和电脑等产品就不适合俯拍,可能会看不清全貌,给客户带来困扰;而对于樱桃、手机、核桃等小物体,通过俯视也能了解产品,如图4-98所示。

图4-98 俯拍的产品

4.仰拍

仰拍主要分为两种情况：一种是产品特别高大，拍全景看不出效果，只能仰拍一下重点部分；另一种是想突出产品品质。采用仰拍会使产品显得高端、大气。不过仰拍也有缺点，会使产品比例发生变化，看不清产品的原貌，所以要慎用仰拍，如图4-99所示。

图4-99 仰拍的画面

4.2.4 景别

拍摄产品时，根据不同的产品特性选择不同的景别，景别主要分为全景、中景、近景和特写等。景别不同，展示的侧重点也不同。

> **提示**
> 景别的选择不是一成不变的，可以相互转化，要灵活使用各个景别，使画面既能看到全景又能看到细节，这样的视频效果更加突出。

1.全景展示

全景展示，顾名思义就是展示产品的全貌，体现产品的整体效果，让客户能一眼看到产品外形，对产品有主观的了解，如图4-100所示。

图4-100 全景展示

2.中景展示

中景介于远景和近景之间，给产品提供了很大的展示空间。中景可以加深画面的纵深感，表现出一定的环境、气氛，使客户在看到产品全貌的同时又能看到产品的一些细节，如图4-101所示。

图4-101 中景展示

3.近景展示

近景更多的是展现细节，如果是人物模特的话，胸部以上为近景展示。通过拉近镜头，使客户可以看到产品的一些细节，对产品有更深的了解，如图4-102所示。

图4-102 近景展示

4.特写展示

特写展示是视频拍摄中必不可少的，是产品品质的直接展现，敢于放大细节让客户看，说明商家对产品高度自信,可以增加产品的说服力,如图4-103所示。

图4-103 特写展示

4.3 视频软件

拍摄完视频之后需要对其进行后期处理,如删减、添加背景音乐和字幕等工作。这时需要用专门的软件来制作,接下来给大家介绍一下 Premiere 软件及其操作。

4.3.1 Premiere介绍

Premiere 是一款强大的视频编辑软件,是视频编辑爱好者和专业人士必不可少的视频编辑工具。Premiere 可以提升你的创作能力和创作自由度,是一款易学、高效和精确的视频编辑软件。

Premiere 提供了采集、剪辑、字幕添加和输出等一整套的流程,并和其他 Adobe 系列软件高效集成,使你足以完成在编辑、制作和工作流程上遇到的所有挑战,满足你创建高质量作品的要求。图 4-104 所示为 Premiere 的操作界面。

图 4-104 Premiere 操作界面

4.3.2 视频制作步骤

用 Premiere 软件处理视频主要分为导入素材、编辑素材、添加特效、添加音乐和渲染输出等几步。下面为大家讲解一下视频制作的具体步骤。

1.导入素材

把拍摄的视频或者图片导入 Premiere 软件中,如图 4-105 所示。

图 4-105 导入素材

2.编辑素材

在 Premiere 软件中,编辑素材是十分重要的,裁切和排版素材片段直接影响视频的最终效果,如图 4-106 所示。

图 4-106 编辑素材

3.添加特效

排版调整之后需要给素材添加特效，使其衔接起来更加流畅，视频效果更加炫酷。特效有很多种选择，可以根据产品需要选择合适的效果，如图4-107所示。

图4-107 添加特效

4.添加音乐

产品展示需要用合适的背景音乐来衬托。找一些符合产品气质的背景音乐，调整其长度，使客户在舒缓的背景音乐下欣赏优质的产品，如图4-108所示。

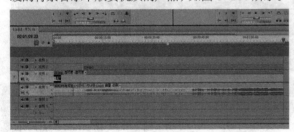

图4-108 添加音乐

5.渲染输出

处理视频之后再预览一下视频，检查一下配音和轨道之间的配合，确认无误后渲染导出视频，完成制作，如图4-109所示。

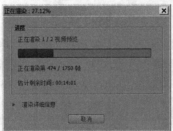

图4-109 渲染输出

4.4 视频制作

视频制作分为两种：一种是用图片合成加上特效制作成视频；另一种是处理摄像机所拍摄的视频。下面为大家讲解一下这两种制作方法。

4.4.1 实战演练1

下面为大家演示用图片合成视频的方法，需要通过 Premiere 软件对图片进行排列和特效处理，之后加上背景音乐等完成制作。

素材路径： 素材文件 >CH04>4.4.1

知识点： 用图片合成视频

01 打开 Premiere 软件，新建项目。调整字幕和活动安全区域，修改文件名称，单击"确定"按钮，如图4-110和图4-111所示。

图4-110 新建项目

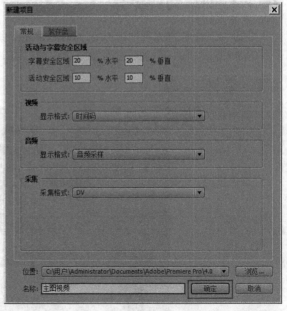

图4-111 修改名称

第4章 活动图片及视频设计与制作

02 调整视频格式,把需要合成的图片拖入界面中,如图 4-112 和图 4-113 所示。

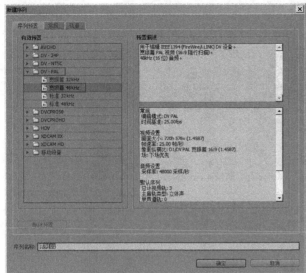
图 4-112 调整视频格式

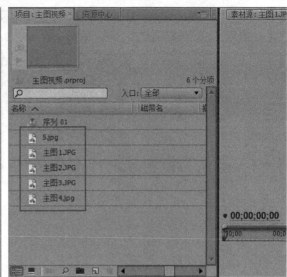
图 4-113 拖入图片素材

03 将"主图 1"拖进视频轨道 1,调整其长度为 9 秒,主面板上会显示产品局部,需要调整其大小,缩小产品图片使其符合画面大小,如图 4-114 和图 4-115 所示。

图 4-114 把素材拖入轨道

图 4-115 调整图片大小

04 把"主图 2"拖进视频轨道 2,调整其长度,使其与"主图 1"之间有一些距离。再用同样的方法,把"主图 3"和"主图 4"拖进不同的视频轨道,调整它们的位置,使它们的时长为 9 秒,如图 4-116 和图 4-117 所示。

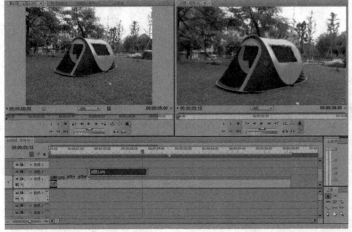
图 4-116 将"主图 2"拖进轨道

图 4-117 将"主图 3"和"主图 4"拖进轨道

91

05 在图片之间加上一些特效进行衔接，使视频更加流畅和个性。选择"效果"面板下的"页面剥落"效果（其中有很多视频效果，可选取自己满意的效果），按住鼠标左键拖动到视频轨道上面，再预览一下视频效果，如图 4-118 所示。用同样的方法给剩下的图片加上特效，如图 4-119 所示。

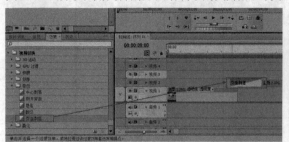 

图 4-118 调整视频特效　　　　　　　　　　　　　　图 4-119 给其他图片加特效

提示

视频轨道之间不能完全对齐，要超出一部分，如"视频 2"要和"视频 1"有一部分重叠，这样做出来的视频才不会出现白底，效果也更自然流畅。

06 做好视频效果之后，需要给视频添加背景音乐，拖入音乐素材到音频轨道，调整长度为 9 秒，如图 4-120 所示。

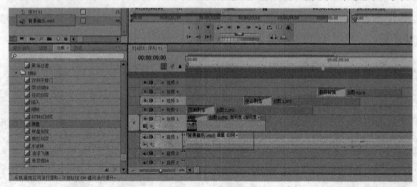

图 4-120 添加背景音乐素材

07 结合产品加上对应的文字，执行"字幕 > 新建字幕 > 默认静态字幕"菜单命令，弹出安全字幕区域，在底部输入字幕，如图 4-121 和图 4-122 所示。

 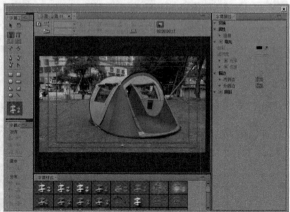

图 4-121 添加字幕　　　　　　　　　　　　　　　　图 4-122 字符安全框

提示

可以根据自己的需要做静态或滚动字幕。如果视频时间短，建议用静态字幕，详情页和首页上面的视频可以用滚动字幕。

08 在弹出的字幕属性窗口里面调整文字字体、大小和位置,制作成功后拖进视频轨道,时长为9秒,如图4-123和图4-124所示。

图4-123 输入文字　　　　　　　　　图4-124 把字幕拖入视频轨道

09 加上字幕后,预览一下视频,各方面都调整好之后就可以渲染视频了,按回车键渲染视频,如图4-125和图4-126所示。

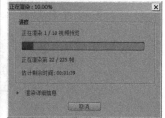

图4-125 预览视频　　　　　　　　　图4-126 渲染视频

10 渲染视频成功后,就可以导出视频了。执行"文件 > 导出 > 媒体"菜单命令,在"导出设置"对话框中调整视频格式和质量,单击"确定"按钮即可,如图4-127和图4-128所示。

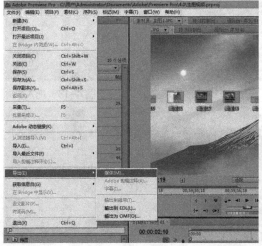

图4-127 执行导出视频命令　　　　　　图4-128 调整导出设置

4.4.2 实战演练2

下面为大家演示由多个视频素材合成一个视频的方法,这里需要通过 Premiere 软件删减视频素材,并进行添加字幕或背景音乐等操作。

素材路径: 素材文件 >CH04>4.4.2

> **提示**
> 详情页上的视频一般是对产品的介绍说明,视频时长最好不要超过5分钟,上传的视频大小不能超过200MB。如果时间太长或文件量太大,客户浏览起来可能比较费时间,不能达到理想的效果。

01 打开 Premiere 软件,新建项目,调整字幕和活动安全区域,修改文件名称为"详情视频",然后单击"确定"按钮,如图4-129和图4-130所示。

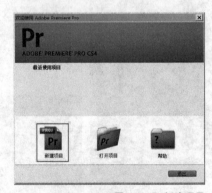

图4-129 新建项目

图4-130 修改名称

02 新建序列,调整视频格式,然后,把需要的视频素材文件、背景音乐和Logo拖进界面,如图4-131和图4-132所示。

图4-131 调整视频格式

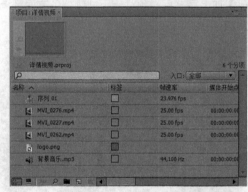

图4-132 拖入素材

03 把"视频1""视频2"和"视频3"素材拖进轨道,因为视频中有杂音,需要在音频轨道的位置关掉小喇叭使其静音,然后拖入剩余的视频,分别放在不同的轨道位置,使其静音,如图4-133和图4-134所示。

图4-133 拖入素材

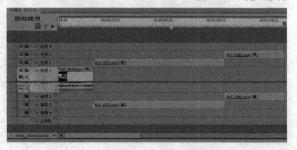

图4-134 把所有的视频都设置为静音

04 预览视频，看是否流畅，然后把背景音乐拖入轨道，单击其声音轨道前面的小喇叭按钮，如图 4-135 和图 4-136 所示。

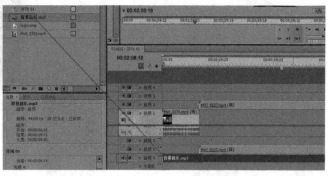

图 4-135 预览视频　　　　　　　　　　　　　　图 4-136 拖入背景音乐素材

05 给视频添加 Logo，把"Logo"素材拖进视频轨道，并调整其时长，然后调整 Logo 的大小并把它放置到画面的左上角，如图 4-137 和图 4-138 所示。

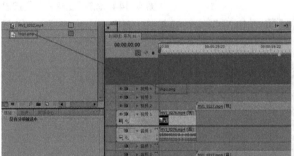
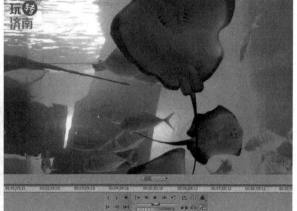

图 4-137 拖入"Logo"素材　　　　　　　　　　图 4-138 调整 Logo 的大小和位置

06 给视频添加字幕，执行"字幕 > 添加字幕 > 默认游动字幕"菜单命令，输入合适的文字，调整文字的效果并放置在底部居中的位置，如图 4-139 和图 4-140 所示。

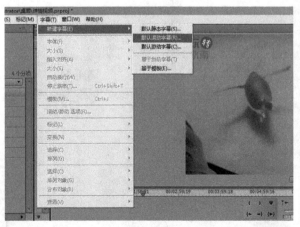

图 4-139 执行添加字幕命令　　　　　　　　　　图 4-140 调整字幕文字的大小、位置

> **提示**
> 字幕的静态和滚动效果取决于所编辑的视频效果。如果视频中的画面比较平缓，可以用滚动字幕，这样会使视频生动一些；如果视频画面比较剧烈，镜头切换较快，建议用静态字幕，可以让客户更清晰地看到文字。

07 调整好视频之后按回车键渲染视频，执行"文件 > 导出 > 媒体"菜单命令，调整"导出设置"。因为详情页尺寸是750像素，所以导出视频的时候调整视频尺寸为750像素，单击"确定"按钮即可，如图4-141和图4-142所示。

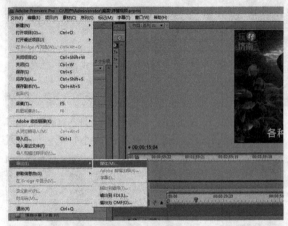

图4-141 执行导出命令

图4-143 进入"淘宝视频"页面

图4-144 单击"上传视频"按钮

02 单击"+"（添加）按钮，选择要上传的视频，如图4-145和图4-146所示。

图4-142 调整导出设置

4.4.3 上传视频

视频制作成功之后，需要上传到店铺中，这样的操作类似于把图片上传到图片空间，再从图片空间调取图片到产品详情页或者首页。下面为大家介绍视频上传的方法与步骤。

知识点：上传视频

01 打开淘宝网，输入用户名和密码登录，进入"淘宝视频"页面，单击"上传视频"按钮，如图4-143和图4-144所示。

图4-145 单击添加

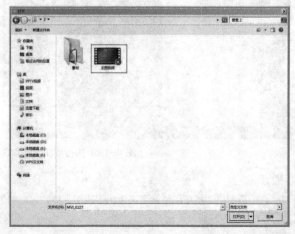

图4-146 选择视频

03 填写一下视频资料，如标题、描述和标签等，方便下次使用。同意《上传服务协议》后，再单击"确认"按钮，接下来等待视频转码就可以了，如图4-147和图4-148所示。

图4-147 填写视频资料

图4-148 视频解码

4.4.4 发布主图视频

上传视频到淘宝之后，接下来就可以发布主图视频了，下面为大家介绍一下具体的操作方法。

知识点：发布主图视频

01 单击淘宝首页顶部的"卖家中心"按钮，在"卖家中心"页面中选择"出售中的宝贝"，然后单击"编辑宝贝"进入编辑页面，如图4-149所示。

图4-149 进入后台

02 选择要插入的主图视频。这里要注意，一个主图视频只能绑定一个产品页面，已经绑定的主图视频会显示"已有宝贝使用"，就不能再绑定到其他产品页面了。选择对应的主图视频，系统会自动添加上去，如图4-150所示。

03 添加视频成功之后，把其他参数也添加上，单击"发布详情"就可以了，发布成功后效果如图4-151所示。

图4-150 上传视频

图4-151 发布成功

4.5 本章疑难问题解答

问题1：主图与直通车图片的区别？

答： 主图是淘宝详情页的首图，是针对自己的淘宝店铺而做的，不参与营销活动，对设计效果的要求不高。直通车图片是专门用来参加营销活动的图片，对图片质量及创意的要求很高，主要是吸引买家单击，是营销必备的图片。

问题2：主图上面都放什么？

答： 主图模块默认的是放5张图片：一般第1张图片效果做得比较好，用来吸引客户；第2张放产品卖点的具体介绍；第3张是产品的不同角度展示，方便客户了解产品的外形；第4、5张是细节展示，客户可以观看产品的细节等介绍。优秀的主图通过5张图片就能把产品介绍清楚，外形、功能、细节都展示得很详细，让客户在最短的时间内了解产品。

问题3：没有专业的视频拍摄器材怎么办？

答： 淘宝购物有一个绕不开的问题，看不到实物，容易造成退款和退货。现在淘宝支持视频的上传，让买家更直观地看到产品，但是大部分卖家是配备不了专业的影视团队的。有一种办法可以解决，就是把产品寄给专门拍视频的人员，告诉他们卖点，让他们负责拍摄视频。要么就退而求其次，用高清手机拍摄，自己制作并上传，不过质量会差一些，但是能让买家看到具体的实物，也达到了目的。

问题4：淘宝能免费上传视频吗？

答： 按目前的规则，卖家如果要在PC端和无线端页面展示视频，要先订购旺铺专业版，然后购买淘宝视频或者其他视频播放软件。在"我的淘宝 > 我要订购 > 购买软件服务 > 素材图片和视频"中订购，上传两个视频的费用是5元/月。

第 5 章
产品详情页设计与制作

前期准备　　详情页的组成　　实战演练

5.1 前期准备

客户通过直通车或者钻展等外部链接单击进入的页面就是产品详情页,产品详情页是对产品的具体描述。产品详情页的好坏直接影响客户是否会下单,因此详情页的制作是网店美工的重点学习内容。本章主要解析产品详情页的构成和制作方法,让设计师从客户的角度出发,做出一个优质的产品详情页。

在设计详情页之前,一定要做好充分的前期准备,只有准备充分了,做起来才会胸有成竹,达到事半功倍的效果。下面为大家介绍一下前期需要准备的工作和内容。

5.1.1 向同行学习

现在淘宝行业已经非常成熟,有很多优秀的设计师也投入了进来,设计出的图片效果十分吸引人。如果你是初学者或者在做一个你不太熟悉的产品时,那看看同行是怎么做的是必不可少的一步。在淘宝上面搜索要做的产品,可以设置一下搜索条件,按照销量排行从高到低,第一页上面显示的就是该产品在同类产品里面销量较高的。多浏览几家,仔细分析这些店铺的页面优点,如图5-1所示。

图5-1 同类产品

5.1.2 分析产品卖点

针对产品,分析其卖点,提炼语言,使客户一下就能明白产品的优势。找出高人一等的地方,牢牢抓住客户的眼球,让客户快速下单购买,如图5-2所示。

图5-2 产品卖点

5.1.3 产品图片处理

做产品的详情页主要就是做产品的展示图,产品图片的质量好坏直接影响客户的视觉体验。委托方提供的图片有时候不太清晰或者曝光不准确等,需要设计师进行修图。先规划好详情页上面必须用到的图片,再进行修图和抠图。有时候客户提供30张图片,而真正用到详情页上面的可能就10张左右,把精力放在精选之后的那10张图片上进行修图就可以了。修图之后要进行抠图,再导出为PNG格式,以方便做详情页的时候直接使用,如图5-3所示。

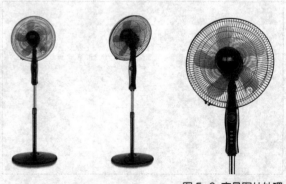

图5-3 产品图片处理

5.1.4 搜集相关素材

根据产品风格特性搜集相关的素材,使素材跟产品有一定的关联,让产品与背景融为一体,形成完整的设计效果,如图5-4和图5-5所示。

图 5-4 背景素材

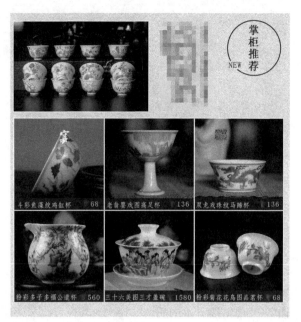

图 5-6 关联图片

提示

需要对关联的图片添加链接,图片做完之后要切图,之后导出图片格式和 HTML 格式,要用到 Dreamweaver 软件来加链接,后面第 8 章会具体讲解如何切图和添加链接。

效果分析

关联图片要色调统一,第一个产品是横版设计,有文案介绍且是店铺销量最好的,下面摆放的 6 款产品格式要统一,数量不多,贵在精,使整个关联图片有主有次,和谐统一。

图 5-5 点缀素材

5.2 详情页的组成

一般详情页各模块的顺序都是相似的,只是排版上有差别。详情页主要包括关联图片、详情海报、卖点解析、参数展示、产品实拍、细节展示、企业介绍和物流与售后等,这些都是客户需要了解的内容。有的详情页可能把顺序变了一下,但大体模块不会变。下面为大家介绍一下各个模块的组成部分。

5.2.1 关联图片

关联图片一般位于详情页的顶端,放置的产品跟详情页介绍的产品有一定的关联,可以是同类产品,也可以是相关产品。如果产品是手机,关联图片可以放手机壳、手机膜和耳机等关联产品。这样可以使客户多购买一些产品,给客户提供更多的选择,如图 5-6 所示。

5.2.2 详情页海报设计

一般详情页上面会搭配一张小海报,主要起到吸引眼球的作用。详情页海报上面可以放一些突出的卖点文案,结合创意排版设计让客户有继续浏览下去的意愿。所以,海报的设计至关重要,直接影响产品的销量,如图 5-7 所示。

图 5-7 详情页海报设计

> **提示**
>
> 详情页的前3张图片十分重要，如果不能做到引人注意，客户就会失去耐心跳转到其他店铺购买同类产品。这样会造成客户外流，影响店铺生意，就算详情页下面部分做得很棒，客户也是没有耐心再看的，所以一定要十分用心地设计详情页顶部的图片。

效果分析

图5-7中的主体是风扇，金色的光芒突出风扇的力度和质感，周围飘落的树叶点缀画面。产品图片中的近景展示，主要体现产品的细节，客户可以清晰地看到按钮、风扇齿轮等。后面展示的是全景图，让客户看到产品整体，了解产品全貌，与前面细节展示形成纵深空间，使图片透气不死板，个性文案让客户更加信服产品的质量。

5.2.3 产品卖点解析

产品卖点解析需要跟店主沟通一下，设计师只是负责把图片设计得好看，具体的功能或者买家看中的优点需要店主提供给设计师。与店主沟通好之后，设计师根据自己的理解提炼文案并搜集相关的素材进行设计。

卖点解析也不是将卖点进行简单的堆砌，要分清主次，哪些要重点展示，哪些可以一笔带过，把重点的突出一下。在排版上面下一些功夫，使客户能用欣赏的眼光看待产品卖点，如图5-8所示。

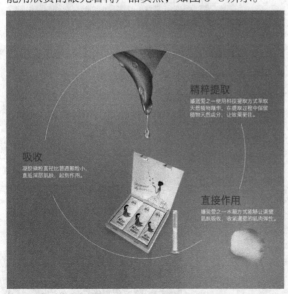

图5-8 产品卖点解析

效果分析

图5-8上面的卖点解析图片是有关女性保养品的，从图片中第一眼看到的是娇艳欲滴的花，花下面的露珠摇摇欲坠指引客户往下面看，看到主推产品，接下来是文案卖点。这些元素都在一个圆形框架里面，整体统一且呼应。

5.2.4 产品参数展示

产品参数是对产品的具体描述，包括产品名称、品牌、型号、产地、颜色和功能等。产品参数在详情页里面十分重要，因为有很多参数，所以排版要尽量规整一些，让客户一眼就能找到他想要了解的参数，如图5-9所示。

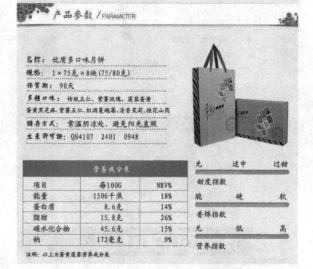

图5-9 产品参数

5.2.5 产品实拍图展示

产品实拍图展示一般是对产品外观的多角度展示，可以让客户从各个角度了解产品。图片展示一般是带场景的实拍图片，如模特外景或室内棚拍图片，室内棚拍又分为白底拍摄、有色背景和加点缀搭配拍摄。

设计师可以根据客户提供的图片进行对应的设计排版。对于中国风的产品，展示的时候就加入一些中国元素，使其更加有品位；模特是外国人的时候，就加入一些外文文字，使其风格更统一，如图5-10~图5-12所示。

5.2.6 产品细节展示

产品细节展示是产品详情页十分重要的组成部分，如果产品展示是对产品的横向展示，那产品细节展示就是纵向展示，深入产品内部，展示产品的精密零件，让客户看到产品中不为人知的细节，使客户对产品产生信赖，进而促成购买，如图5-13所示。

图5-10 场景实拍

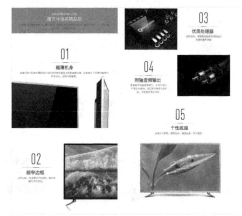

图5-13 产品细节展示

5.2.7 企业介绍

企业介绍部分展示的是企业规模和影响力，让客户能感受到企业实力，对产品质量有一定的信心，从而放下顾虑快速下单，如图5-14所示。

图5-11 纯色背景棚拍

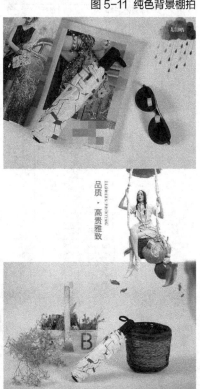

图5-12 静物搭配拍摄

图5-14 企业介绍

5.2.8 物流与售后

物流与售后在详情页的底部展示，主要包括公司的物流和客服信息等，客户可以根据自己的需求选择使用哪家快递，下单后产品快速发货，客户可以快速地拿到产品，公司的承诺信息会使客户放心购买，如图 5-15 所示。

图 5-15 物流与售后

5.3 实战演练

详情页有很多种样式，有简约现代风格、古典中国风格、高端科技风格等，根据产品风格选择不同的设计样式。下面为大家介绍一下两款常见的详情页设计样式。

5.3.1 花架详情页设计

中国风详情页设计，要实现古色古香的效果可以增加一些书法、祥云和梅花等点缀素材，使客户感觉是在欣赏一个优秀的作品。把装饰元素融入详情页面，让客户对产品由了解转变成喜爱，会增加客户快速下单的概率，还可能会根据产品上面的搭配建议购买店铺关联的产品，给店铺带来更多的销量。

素材路径：	素材文件 >CH05>5.3.1
实例路径：	实例文件 >CH05>5.3.1

知识点：花架详情页设计

01 使用组合快捷键 Ctrl+N 新建画布，设置宽度为 750 像素，高度为 10000 像素。设置前景色为浅黄色，使用组合快捷键 Alt+Delete 填充前景色。执行"滤镜 > 杂色 > 添加杂色"菜单命令，调整杂色数量和分布状态，以使背景的纹理效果显得更高端大气，如图 5-16 和图 5-17 所示。

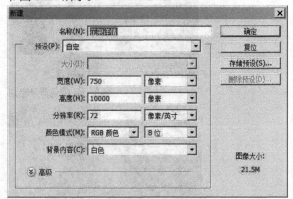

图 5-16 新建画布

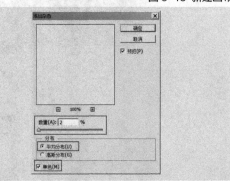

图 5-17 添加杂色

提示

一般详情页的高度为 8000 像素左右，有的爆款详情页高度为 15000 像素左右，现在建立的尺寸只是提前预设的，到时候可根据实际情况增加或者缩短。

02 拖入具有中国风的"牌坊"素材，调整其大小并居中放置，按 Enter 键确认，接下来用同样的方法拖入"梅花"素材和"书法"素材，调整大小后分别放置在详情页图片的左右两侧，使其遥相呼应，如图 5-18 和图 5-19 所示。

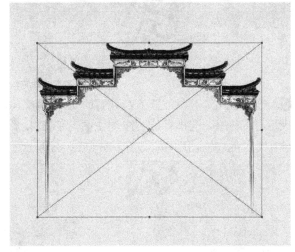

图 5-18 拖入"牌坊"素材

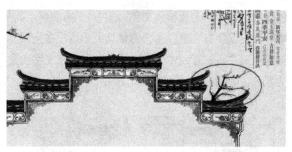

图 5-20 复制并移动"梅花"素材

图 5-21 输入文字

04 根据界面大小调整文字的位置，接下来在文字的左下方添加文案。使用组合快捷键 Ctrl+H 隐藏参考线，先使用"画笔工具" ，制作一个底纹，再选择最底部的纹理画笔，将前景色设置为红色，在文字左下角画出红色底纹。按住 Shift 键使画笔保持垂直，然后调整其大小和位置，如图 5-22 和图 5-23 所示。

图 5-19 拖入"梅花"和"书法"素材

03 复制"梅花"素材，将其缩小后移动到牌坊的位置，将"梅花"素材移动到牌坊下面的图层，这样牌坊遮住梅花的一部分形成空间关系。接下来需要输入海报标题，在输入文字之前，需要拉出一个中心参考线，方便让下面的产品和文案居中对齐。双击解锁底部背景图层，使用组合快捷键 Ctrl+T 调出自由变换工具，从界面左边拖出一条参考线放到图片的中心位置。辅助线确立之后，再锁定背景图层，然后在图片上面输入文字。因为要对文案进行个性排版，所以要在不同的图层上面输入文字，方便调整文字的位置，如图 5-20 和图 5-21 所示。

图 5-22 选择画笔

图 5-23 画出红色底纹

05 在红色背景上面输入文字,选择"直排文字工具"
T,设置文字颜色为白色,调整其大小后放在上面。
再输入英文,放置到中文文字的左上角,将文字设置
为黑色,如图5-24和图5-25所示。

图 5-24 输入中文文字

图 5-25 输入英文文字

06 输入文字后,加入一些点缀素材增强氛围。拖入"祥云"素材分别放置在底部和文字的右上角,再调整其大小。接下来给文字加上一些特效,选择"画笔工具",把颜色设置为红色,在"中"字图层上面新建图层,在上面画出一些纹理。然后按住 Alt 键,在两个图层之间单击,进行盖印图层处理。用同样的方法在"式"字上面制作效果,如图 5-26 和图 5-27 所示。

图 5-26 添加"祥云"素材

图 5-27 设置文字颜色

07 拖入"梅花"素材放置在文字的右下方,并调整其大小。接下来输入竖排文字,再拖入"主推产品"素材,调整其大小后放置在图片中间,如图 5-28 和图 5-29 所示。

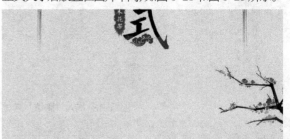

图 5-28 添加"梅花"素材

图 5-29 添加产品和文案

08 在花架下面画一个矩形,调整矩形的"描边"粗细,颜色改为黑色。在矩形里面输入文字并调整其大小,颜色也设置为黑色,如图 5-30 和图 5-31 所示。

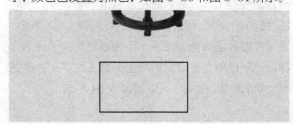

图 5-30 画出矩形边框

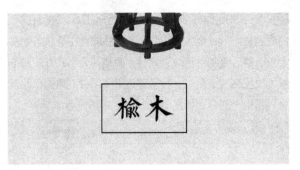

图 5-31 输入文字

09 在矩形的左边画一个更长一些的矩形,颜色改为红色。接着拖入"香炉"素材,放置在矩形的右侧,以增加图片的美观度,如图 5-32 和图 5-33 所示。

图 5-32 画出红色矩形

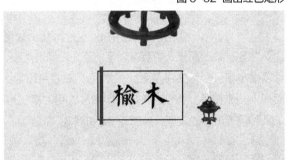

图 5-33 添加"香炉"素材

10 单击矩形所在的图层,对图层进行栅格化处理。使用"矩形选框工具"在矩形右侧建立选区并删除选框内的线条,之后在这个位置输入文字,这样可以突破矩形线条的约束,如图 5-34 和图 5-35 所示。

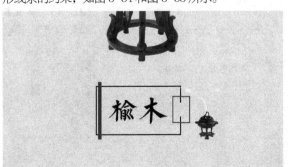

图 5-34 删除选区内的线条

图 5-35 输入文字

11 在矩形下面输入文字,文字的间隔可以大一些。用"直线工具"在文字之间画上间隔直线,然后在下面输入文字介绍,文字采用竖向排列并调整整体高度,如图 5-36 和图 5-37 所示。

图 5-36 输入文字,画间隔线

图 5-37 输入并调整文字介绍

12 在段落文字之间画上间隔线,降低间隔线的不透明度。在文字左侧放入"木头"素材,以增加文案的观赏性,如图 5-38 和图 5-39 所示。

图 5-38 给段落文字加间隔线

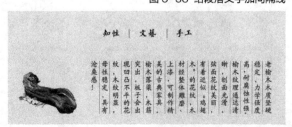

图 5-39 拖入"木头"素材

13 画一个红色的矩形,使用快捷键 Ctrl+T 调出自由变换工具将矩形旋转 90°。使用组合快捷键 Ctrl+J 复制矩形,然后水平向右移。单击鼠标右键,在弹出的快捷菜单中选择"栅格化图层"命令。使用"矩形选框工具" 删除多余的线条使其造型更独特,如图 5-40 和图 5-41 所示。

图 5-40 画出并旋转矩形

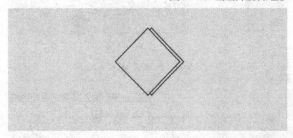

图 5-41 复制并裁剪矩形

14 在图形里面输入文字并调整文字的上下间距,居中放置。拖入"榫卯"素材,设置图层混合模式为"变暗",使图片与背景完美结合,如图 5-42 和图 5-43 所示。

图 5-42 输入文字

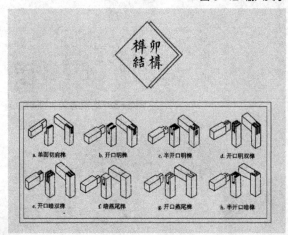

图 5-43 拖入"榫卯"素材

15 接下来制作导航条。使用"矩形工具" 画一个白底的长方形,拖入"花纹"素材并放置在导航条的左上角。然后复制"花纹"素材,调整其大小、方向和位置(放置在右下角)。为了避免雷同,右下角的花纹素材只露出一部分,如图 5-44 和图 5-45 所示。

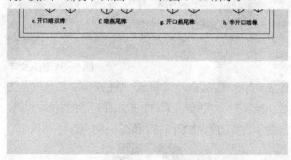

图 5-44 建立白底长方形

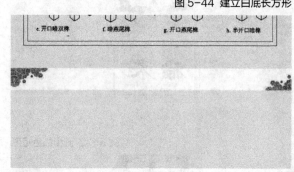

图 5-45 拖入"花纹"素材

16 在导航条上面输入中英文文字,英文只作为点缀,可以缩小字号。给文字加上一些效果,在文字图层上面拖入一张图片,按住 Alt 键盖印图层,用"橡皮擦工具" 擦出一些纹理,如图 5-46 和图 5-47 所示。

图 5-46 输入文字

图 5-47 给文字添加效果

17 给导航条加上投影,使其更有立体感。选择"画笔工具" ,颜色为黑色,在导航条的底部进行单击,压扁后调整其不透明度。用同样的方法给导航条两侧都加上投影,然后在导航条的顶端画一条金色的细线,再调整其不透明度,使导航条看起来更加精致。导航条制作完之后,选择导航条的图层,使用组合快捷键 Ctrl+G 将其编组,把组重命名为"导航条",以便后续再次使用,如图 5-48 和图 5-49 所示。

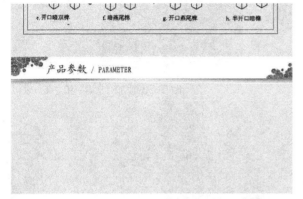

图 5-48 给导航条添加投影

图 5-49 编组

18 接下来输入产品的参数、名称和材质等信息。文字样式需要与主标题区别开,选择"纹理笔刷",把颜色设置为红色,根据产品标题长度画出对应的底纹,如图 5-50 和图 5-51 所示。

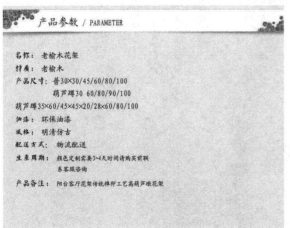

图 5-50 输入文字信息

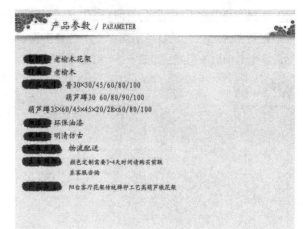

图 5-51 添加底纹

19 将底纹加上后,选定标题的颜色为白色,然后选择"直线工具" 并设置为虚线,在各行文字之间画上虚线,再拖入"带植物的花架"素材并放置在右边,如图 5-52 和图 5-53 所示。

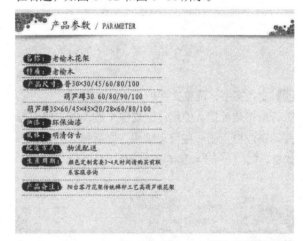

图 5-52 添加虚线

图 5-53 添加产品素材图片

109

20 复制"导航条"图层组,并将其移动到下面,之后进行重命名。在导航条下面画一个红色圆圈,然后调整其描边的粗细,如图 5-54 和图 5-55 所示。

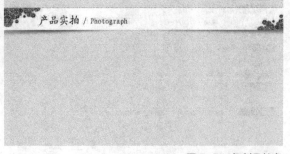

图 5-54 复制导航条

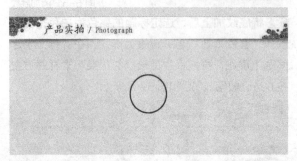

图 5-55 画出圆圈

21 输入文字,调整文字的间距。选定圆圈,对其进行栅格化处理。使用"橡皮擦工具" ,用纹理画笔在边框上画一些纹理效果,之后拖入"荷花"素材,如图 5-56 和图 5-57 所示。

图 5-56 输入文字

图 5-57 给边框加纹理,加入"荷花"素材

22 拖入"文案"和"花"素材,分别放在画面的左右两边,降低图层的不透明度并调整其大小。拖入"产品1"素材并调整其位置,如图 5-58 和图 5-59 所示。

图 5-58 添加"文案"和"花"素材

图 5-59 拖入并调整产品图片

23 拖入"祥云2"素材,调整大小后居中放置,然后输入文案。拖入"书法"素材放置在画面右侧,降低其不透明度以起到烘托气氛的作用,如图 5-60 和图 5-61 所示。

图 5-60 拖入"祥云2"素材

图 5-61 输入文字并拖进"书法"素材

24 拖入"产品 2"素材,居中放置,然后再拖入一个装着杏花的"瓶子"素材放置在产品上面,加上投影使图片显得更生活化,如图 5-62 和图 5-63 所示。

图 5-62 拖入产品素材

图 5-63 添加装饰素材

25 拖入"带植物的花架"素材,调整其大小后放置在画面左侧,再拖入"产品 3"素材放置在画面右侧,再加入一个"小鸟"点缀素材,放置在右侧与花架植物形成呼应,如图 5-64 和图 5-65 所示。

图 5-64 拖入"带植物的花架"素材

图 5-65 拖入"产品 3"和"小鸟"素材

26 复制导航条并拖到下面,重命名为"细节展示"。拖入"产品细节 1"素材图片,调整其大小后放置在左侧,如图 5-66 和图 5-67 所示。

图 5-66 重命名导航条图层组

图 5-67 拖入"产品细节 1"素材图片

27 在图片右侧输入标题,进行竖向排列,设置颜色为红色。接下来选择"圆角矩形工具",将其半径设置为35、颜色为红色、"描边"大小为2,画出圆角矩形,如图5-68和图5-69所示。

图5-68 输入标题

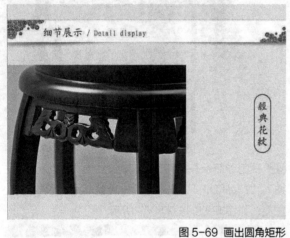

图5-69 画出圆角矩形

28 拖入"祥云"素材,缩小至合适大小并放置在圆角矩形上面,然后输入简介文字,进行竖向排版,如图5-70和图5-71所示。

图5-70 拖入"祥云"素材

图5-71 输入简介文字

29 在细节图下面再画一个矩形,把上面细节图上的文案框选后复制到下面,修改其文案信息,如图5-72和图5-73所示。

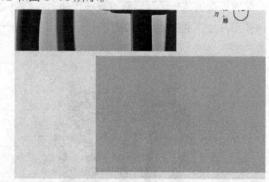

图5-72 画出矩形

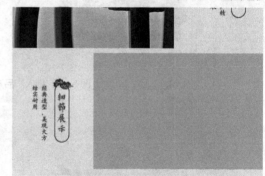

图5-73 修改文案信息

30 拖入"产品2"素材,调整其大小和位置。使用"矩形工具"在下面画一个长方形,准备接下来的制作,如图5-74和图5-75所示。

图5-74 拖入"产品2"素材

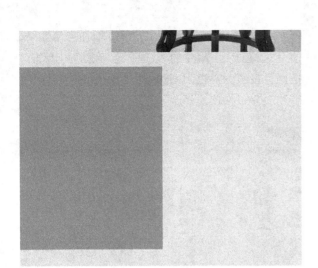

图 5-75 画长方形

[31] 将"产品 4"素材拖入长方形中,按住 Alt 键,在两个图层之间单击进行盖印图层处理,然后复制和替换上面的文案信息,之后将其移动到图片的右侧,如图 5-76 和图 5-77 所示。

图 5-76 拖入素材

图 5-77 替换文案信息

[32] 在文案下面画一个圆形,把描边设置为白色,再把产品细节图拖进去,按住 Alt 键,在两个图层之间单击进行盖印图层处理,如图 5-78 和图 5-79 所示。

图 5-78 画出圆形,拖入产品细节图片

图 5-79 盖印图层

[33] 使用"画笔工具"在凳子下面画一个红圈,再画一条红线,连接到右侧放大的图片,让客户可以看到产品图上的细节。接下来用同样的方法复制图片和文案,调整它们的位置,替换图片和文案信息,如图 5-80 和图 5-81 所示。

图 5-80 细节展示

图 5-81 重复细节展示操作

34 接下来,复制导航条并修改上面的文字,在导航条下面输入文字,加上红色的圆形以突出文字,如图5-82和图5-83所示。

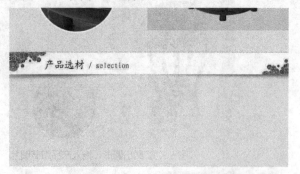

图5-82 复制并修改导航条

图5-83 输入主标题

35 接下来输入次标题,用"直线工具" 画一条分割线并降低其不透明度,然后拖入"杏花"素材,调整其大小后放置在画面右侧,如图5-84和图5-85所示。

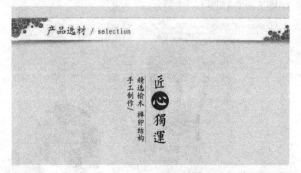

图5-84 输入次标题

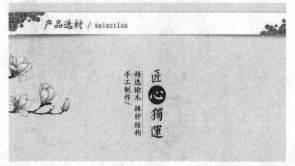

图5-85 添加素材

36 拖入"小鸟2""小鸟3"素材,增加点缀效果。使用"画笔工具" 中的"纹理画笔"在画面上单击,把颜色设置为黑色,以形成墨滴效果的图案,如图5-86和图5-87所示。

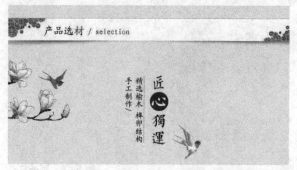

图5-86 拖入素材

图5-87 制作墨滴效果的图案

37 拖入"木头材料"素材,进行盖印图层处理,然后在右侧输入主标题,把颜色设置为红色,再输入次标题并调整文字的布局,如图5-88和图5-89所示。

图5-88 拖入素材

图5-89 输入并调整文字

38 复制上面的墨滴效果图案,替换其中的图片,放置在画面右侧,之后再复制和替换上面的文字,放置在图案的左侧,如图 5-90 和图 5-91 所示。

图 5-90 复制并替换图片

图 5-91 复制并替换文字

39 复制图片和文字,并将导航条图层组下移,修改导航条上面的文字,开始做物流售后的内容,如图 5-92 和图 5-93 所示。

图 5-92 复制并修改图片和文案

图 5-93 复制并修改导航条

40 复制之前做的文字效果,替换上面的文字,在下面画上色块,如图 5-94 和图 5-95 所示。

图 5-94 复制并替换文字

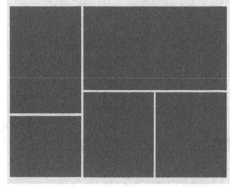

图 5-95 合理布局色块

41 单击左上角的第一个色块,拖入图片素材,进行盖印图层处理。再用同样的方法,将其他的色块填充图片,如图 5-96 和图 5-97 所示。

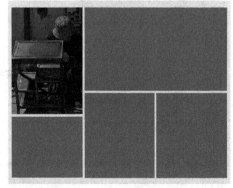

图 5-96 拖入图片

图 5-97 拖入并盖印所有图片

42 接下来，制作快递和客服等信息，拖入"小车"图片素材，输入文字，如图 5-98 和图 5-99 所示。

图 5-98 拖入"小车"图片素材

图 5-99 输入文字

43 输入文字信息后，调整行间距。选择"直线工具" ，把线条设置为虚线，在文字下面画一条虚线，进行框选之后，再复制 3 条虚线，依次下移，如图 5-100 和图 5-101 所示。

图 5-100 给文字加下划线

图 5-101 复制操作

44 将文字进行逐一替换，根据文字内容搭配不同的图片，这样整个详情页就做完了。同时，再检查和调整一下整个详情页，没有问题的话，就用"裁剪工具" 把底部多余的部分删除掉，如图 5-102 和图 5-103 所示。

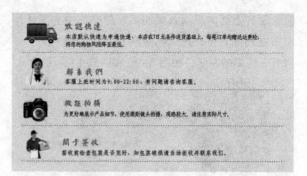

图 5-102 替换文字和图片

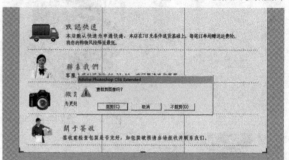

图 5-103 裁切多余部分

提示

　　裁切的时候可能会出现因内存不足而无法裁切的情况，可以采取调整图像画布大小的方式，把定位放置在顶端，高度则根据剩余的白底来估量，这样可以一点一点地裁切。

45 详情页做好之后要进行切图，不然会因为图片太长，超过图片的大小和高度的限制而不能上传。先在详情页上面画出参考线，根据产品样式，在两个图片之间画参考线，高度在 500~800 像素。画好参考线之后，在工具箱中选择"切片工具"，如图 5-104 和图 5-105 所示。

图 5-104 画出参考线

图 5-105 切片操作

46 单击基于参考线的切片,图片会自动切片,然后使用组合快捷键 Ctrl+Alt+Shift+S 导出图片,图片格式为 JPEG 格式,品质为 100,之后单击"存储"按钮即可。可以把存储的文件夹放在桌面上以方便上传使用,如图 5-106 和图 5-107 所示。

图 5-106 自动切片

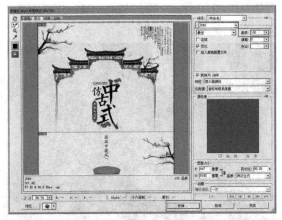

图 5-107 导出图片

47 图片导出之后,对已经切好的图片进行检查,没有问题的话就可以上传和发布了,如图 5-108 所示。

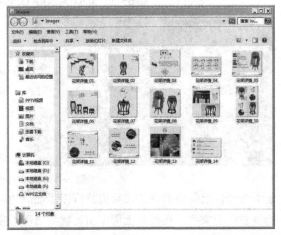

图 5-108 切图后的图片

5.3.2 VR眼镜详情页设计

VR 眼镜是高端科技产品,详情页设计排版要体现出科技感,要注重视觉效果。设计详情页的时候要从客户的角度考虑,要牢牢记住客户想要了解的卖点。下面为大家演示一下具体的制作步骤。

素材路径: 素材文件 >CH05>5.3.2
实例路径: 实例文件 >CH05>5.3.2

知识点: VR 眼镜详情页设计

01 使用组合快捷键 Ctrl+N 新建画布,设置宽度为 750 像素,高度为 13000 像素。将前景色设置为黑色,双击背景图层解锁图层,使用组合快捷键 Alt+Delete 填充前景色。拖入"背景 1"素材并调整其高度,如图 5-109 和图 5-110 所示。

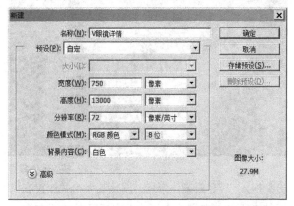

图 5-109 新建画布

图 5-110 拖入并调整"背景 1"素材

02 拖入"背景2"素材，覆盖在"背景1"的图层上面，使其大小一样，然后使用"橡皮擦工具"擦除"背景2"上面的黑色背景，使两张图片完美融合，如图5-111和图5-112所示。

图5-111 拖入"背景2"素材

图5-112 擦除黑色背景

03 拖入"VR眼镜"素材，调整其大小并放置在海报的右下角。在海报上面输入主标题并放置在左上角，如图5-113和图5-114所示。

图5-113 拖入"VR眼镜"素材

图5-114 输入主标题

04 输入次标题并调整其大小，在文字左右两侧各画两条直线，之后再输入英文文字并缩小字号，加大字间距，再降低不透明度。接下来需要给主标题文字制作特效，把下载好的字体样式放在桌面上以方便寻找，在"样式"面板中执行"载入样式"命令，如图5-115和图5-116所示。

图5-115 输入次标题和英文文字

图5-116 载入样式

05 选择自己需要的样式，双击就可以添加成功。选择主标题文字，在样式上面单击，就会出现对应的样式效果，如图5-117和图5-118所示。

第5章 产品详情页设计与制作

图 5-117 选择合适的样式

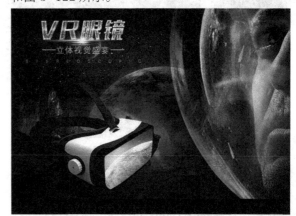

07 接下来在选区图层上面新建图层，拖入"背景1"素材，并进行盖印图层处理。拖入"宇航员"素材并调整其大小，放置在眼镜前面，调整颜色使其效果如同从眼镜里面悬浮出来一样，如图 5-121 和图 5-122 所示。

图 5-121 盖印图层

图 5-118 给主标题文字加效果

提示
　　网上有很多特效样式可供下载，搜一些自己喜欢的下载下来，之后可以重复利用，这样会大大减少每次调整字体效果的时间。

06 拖入"光芒"素材并调整其大小，再将图层混合模式改为"滤色"，使图片更加明亮。接着给 VR 眼镜制作效果，使用"钢笔工具" 在眼镜前端建立选区，填充为白色，如图 5-119 和图 5-120 所示。

图 5-122 拖入"宇航员"素材

08 拖入"陨石"素材，调整其大小和位置，以增加海报的神秘感。接着制作下一张海报，拖入"背景3"素材并调整其大小和位置，如图 5-123 和图 5-124 所示。

图 5-119 加上"光芒"素材

图 5-120 填充选区

图 5-123 拖入"陨石"素材

119

图 5-124 拖入"背景 3"素材

09 拖入"模特"素材，调整其位置，使其与背景素材呼应，然后拖入"VR 眼镜 2"素材，调整大小后放置在模特眼部，使其角度和模特一致，如图 5-125 和图 5-126 所示。

图 5-125 拖入"模特"素材

图 5-126 拖入"VR 眼镜 2"素材

10 单击背景图层，使用组合快捷键 Ctrl+B 调整背景颜色，使其与模特的颜色一致。调整眼镜的颜色，加上投影使其更加立体，然后输入文字，并调整字体的样式，可以根据自己喜欢的效果来设置字体样式，如图 5-127 和图 5-128 所示。

图 5-127 调整背景颜色

图 5-128 输入文字并调整样式

11 使用"矩形工具"画一个红色的矩形，在上面输入主标题和英文文字进行点缀，将文字居中放置，如图 5-129 和图 5-130 所示。

图 5-129 画出红色矩形

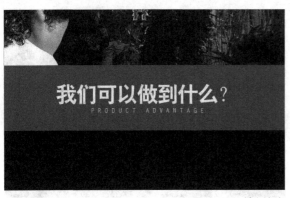

图 5-130 输入文字

12 使用"钢笔工具" 建立一个三角形,填充颜色为红色。拖入"背景 4"素材并调整其大小和位置,如图 5-131 和图 5-132 所示。

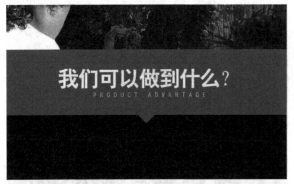

图 5-131 添加三角形色块

图 5-132 拖入"背景 4"素材

13 新建图层,选择"画笔工具" 并调整画笔"大小",把颜色设置为黑色,在"背景 4"素材上面进行涂抹。把"背景 4"素材下面多余的地方删掉,然后降低其不透明度。在"背景 4"素材上面输入文字,把颜色设置为白色,将主标题文字的颜色设置为红色,以使标题更突出,如图 5-133 和图 5-134 所示。

图 5-133 进行加黑涂抹

图 5-134 输入标题文字

14 选择"矩形工具" ,把颜色设置为红色,调整"描边"粗细。再输入英文和数字标题,颜色设置为白色,使主题更突出,如图 5-135 和图 5-136 所示。

图 5-135 画出红色边框

图 5-136 输入英文和数字标题

15 拖入"背景 5"和"VR 眼镜 3"素材，分别调整它们的位置和大小，抠除边缘多余的毛边，如图 5-137 和图 5-138 所示。

图 5-137 拖入"背景 5"素材

图 5-138 拖进"VR 眼镜 3"素材

16 选择"椭圆工具" ，按住 Shift 键画出圆形，盖住眼镜内镜。拖入"背景 5"素材，进行盖印图层处理，使其与背景融合，如图 5-139 和图 5-140 所示。

图 5-139 画出圆形

图 5-140 盖印图层

17 拖入"子弹"素材，调整其角度后放置在眼镜的镜头位置。接着复制一层"子弹"素材图层，执行"滤镜 > 模糊 > 动态模糊"菜单命令，再调整模糊的角度，把模糊的图层拖到"子弹"图层下面，可以突出子弹的速度感，如图 5-141 和图 5-142 所示。

图 5-141 拖入"子弹"素材

图 5-142 复制并模糊素材图层

18 拖入"背景 6"素材，框选上面的文案，按住 Shift 键垂直移动至图片下面，然后替换文案和数字，如图 5-143 和图 5-144 所示。

图 5-143 拖入 "背景 6" 素材

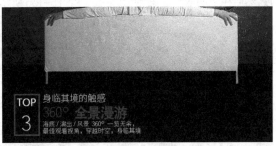

图 5-144 复制并替换文字

⓳ 复制标题和背景，修改文案，接着拖入 "做工" 素材并放置在下面，如图 5-145 和图 5-146 所示。

图 5-145 复制并修改文案

图 5-146 拖入 "做工" 素材

⓴ 在素材上面画一个矩形，颜色填充为黑色，降低其不透明度后在上面输入产品工艺等文案，如图 5-147 和图 5-148 所示。

图 5-147 画出矩形

图 5-148 输入文案

㉑ 接下来调整产品工艺等文案，用亮色突出显示，然后拖入 "产品拆分图" 素材，使画面显得科技感十足，如图 5-149 和图 5-150 所示。

图 5-149 调整文案

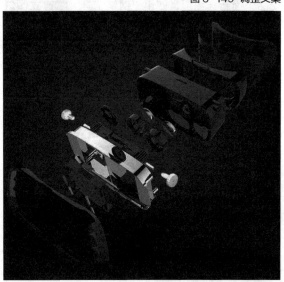

图 5-150 拖入 "产品拆分图" 素材

㉒ 拖入"模特2"素材，调整其大小和位置，再输入主标题和次标题，主标题颜色选择亮蓝色以显得更加突出，如图5-151和图5-152所示。

图5-151 拖入"模特2"素材

图5-152 输入标题

㉓ 拖入"VR眼镜4"素材，删除多余的毛边，在产品下面新建图层，使用"钢笔工具"建立倾斜的平行四边形选区并填充为红色，这样更能突出产品的效果，如图5-153和图5-154所示。

图5-153 拖入产品图片

图5-154 填充红色选区

㉔ 双击产品所在的图层，在弹出的"图层样式"对话框中给产品添加投影效果，调整投影的角度和不透明度，然后在下面输入文案，如图5-155和图5-156所示。

图5-155 设置图层样式

图5-156 输入文案

㉕ 画一个红色的正方形，然后旋转。拖入"人物"素材，进行盖印图层处理，使用组合快捷键Ctrl+U调出"色相/饱和度"对话框，设置饱和度参数为0，使图片变为黑白图片。下面要放很多图片，如果都用彩色的就不能突出产品。所以设计图片的时候一定要注意，突出主营产品才是重点，如图5-157和图5-158所示。

图 5-157 画红色正方形并旋转

图 5-158 盖印并调整图片

26 输入对应的文案,使用组合快捷键 Ctrl+T 调出自由变换工具调整文案的位置,使其与图片平行。框选图片和文案,复制两份,按住 Shift 键水平移动到右侧,然后分别替换图片和文案,如图 5-159 和图 5-160 所示。

图 5-159 输入文案

图 5-160 复制并替换图片与文案

27 复制一张图片并将其移动到下面,再把文案放在图片下面,然后框选图片和文案再复制移动到右侧,继续替换图片和文案。上面 5 张图片都是黑白的。在底部画一个红色正方形,调整角度,使其和上面的图片吻合,如图 5-161 和图 5-162 所示。

图 5-161 复制并替换文案和图片

图 5-162 画出并调整红色正方形

28 在红色正方形内部输入文字,调整文字的位置与正方形水平对齐。然后拖入眼镜产品,调整大小和位置后放置在红色区域内,如图 5-163 和图 5-164 所示。

图 5-163 输入并调整文字

图 5-164 拖入产品图片

29 使用 "钢笔工具" 在画布上建立选区，填充颜色为红色，然后输入标题文字，调整文字的方向，使其与图形平行，如图 5-165 和图 5-166 所示。

图 5-165 建立并填充选区

图 5-166 输入并调整文字方向

30 拖入 "模特 3" 素材，调整好位置。在模特眼部添加产品素材，调整产品的大小和投影，使其更加真实，如图 5-167 和图 5-168 所示。

图 5-167 拖入 "模特 3" 素材

图 5-168 添加并调整产品素材

31 在模特下面使用 "矩形工具" 画一个白底矩形，使用组合快捷键 Ctrl+T 调出自由变换工具，再按组合快捷键 Ctrl+Alt 将其进行水平调整，使其变成平行四边形，在该四边形上面添加产品素材，之后进行盖印图层处理，如图 5-169 和图 5-170 所示。

图 5-169 画出平行四边形

126

图 5-170 拖入素材并盖印图层

32 接下来复制图片并移动到上面,替换平行四边形里面的图片。用同样的方法,再复制到右侧,替换其他的产品图片,之后再调整图片的位置。在模特身后新建图层,使用"钢笔工具" 建立选区,使用"渐变工具" 让背景呈现轻微的渐变效果,这样能使模特更加突出,如图 5-171 和图 5-172 所示。

图 5-171 复制、移动并替换图片

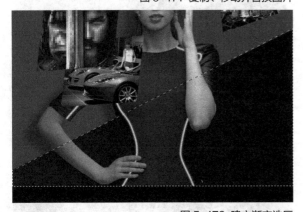

图 5-172 建立渐变选区

33 复制上面的"精致做工"导航条,移动到画布下面,替换文案再加上白色边框。在底部黑色背景图片上新建图层,从"产品细节"导航条位置开始建立选区,一直拖动到详情页底部,填充颜色为白色,然后锁定图层,在"产品细节"导航条下面输入文案并居中对齐,如图 5-173 和图 5-174 所示。

图 5-173 复制并修改导航条

图 5-174 填充白底、输入文案

34 接着拖入产品侧面展示图"VR 眼镜 2"素材,然后拖入"手"素材,抠除多余的背景,调整其大小和位置,使其与 VR 眼镜产生关联,如图 5-175 和图 5-176 所示。

图 5-175 拖入产品图片

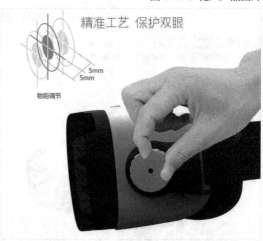

图 5-176 图片素材合成

㉟ 在产品下面输入文案，主标题要放大用红色突出显示，再输入次标题，然后拖入产品图片，调整产品的大小和位置，如图 5-177 和图 5-178 所示。

图 5-177 输入文案

㊲ 在产品下面建立选区并填充深灰色，拖入产品图片后盖印图层，如图 5-181 和图 5-182 所示。

图 5-181 建立并填充选区

图 5-178 拖入产品图片

㊱ 在产品细节处画一个红色的圆形并降低不透明度，然后选择"直线工具"，把"描边"设置为虚线，调整虚线的大小和粗细，之后在文案下面画虚线和指引线，如图 5-179 和图 5-180 所示。

图 5-182 拖入图片，盖印图层

㊳ 在产品图片下面输入对应的文案，在图片右侧建立选区，选区与左侧图片的高度和倾斜度一致，之后再填充选区颜色，如图 5-183 和图 5-184 所示。

图 5-179 画出红色圆形

图 5-183 输入文案

图 5-180 画虚线和指引线

图 5-184 建立并填充选区

39 框选这两张图片和文案，复制之后按住 Shift 键水平下移，然后把左侧图片替换为镜头的细节图片，之后再替换卖点文案，如图 5-185 和图 5-186 所示。

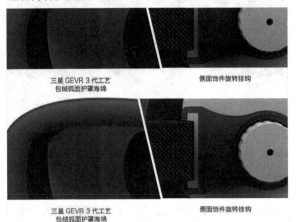

图 5-185 复制图片和文案

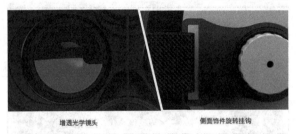

图 5-186 替换左侧的图片和文案

40 用同样的方法替换右侧的图片和文案，接下来复制导航条，修改上面的中文文字，如图 5-187 和图 5-188 所示。

图 5-187 替换右侧的图片和文案

图 5-188 复制并替换导航条文字

41 接着拖入"模特 3"素材，放置在导航条下面。拖入产品图片，调整其大小和位置，使其遮住原图的眼镜。调整产品的投影效果和周边细节，使其更加真实，如图 5-189 和图 5-190 所示。

图 5-189 拖入"模特 3"素材

图 5-190 拖入并调整产品图片

42 在模特左上方建立一个白底的平行四边形，复制该平行四边形，调整颜色为深蓝色，降低其不透明度，然后拖动到白色平行四边形的下面，使其看起来像投影一样，如图 5-191 和图 5-192 所示。

图 5-191 画出平行四边形

图 5-192 制作投影效果

43 在平行四边形上面添加其他素材图片,然后进行盖印图层处理。接着在图片下面输入对应的文字,如图 5-193 和图 5-194 所示。

图 5-193 添加图片并盖印图层

图 5-194 输入文字

44 单击模特背景图层并将其锁定,接着框选上面的图片和文字,复制两个图层并下移,图片之间要保持一定的距离,之后分别替换图片和文字,如图 5-195 和图 5-196 所示。

图 5-195 复制图片和文字

图 5-196 替换图片和文字

45 复制左侧的图片和文字,并水平移动到右侧,调整图片与文字的位置,使它们围绕着模特,然后分别替换图片和文字,如图 5-197 和图 5-198 所示。

图 5-197 复制图片和文字并移动到右侧

图 5-198 替换图片和文字

46 在图片下面输入文字,降低其不透明度,然后拖入"公司外景"素材,调整图片的大小和位置,如图 5-199 和图 5-200 所示。

图 5-199 输入文字

48 在边框内输入标题，文字要上下排列，然后在图片的底部输入企业介绍文字，包括企业的地址、规模和主营业务等信息，如图 5-203 和图 5-204 所示。

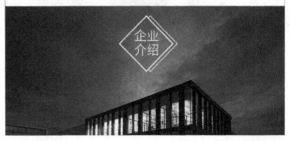

图 5-203 输入标题

图 5-200 拖入公司图片

47 在公司图片上面画一个白色的正方形边框，调整角度后再复制一份，把白边框调细一些，水平往右移动，然后进行栅格化处理，使用"矩形选框工具"框选并删除多余的部分，如图 5-201 和图 5-202 所示。

图 5-204 输入企业介绍文字

49 在企业介绍文字下面画一个正方形边框，调整边框的粗细和颜色，然后进行栅格化处理，使用"矩形选框工具"在边框右侧选定部分区域后删除，使其形成一个缺口，如图 5-205 和图 5-206 所示。

图 5-201 画出白色边框

图 5-205 画出正方形边框

图 5-202 复制并裁切边框

图 5-206 删除选定区域

50 在删除的边框区域输入文字，然后在下面画出一个小的矩形边框，如图 5-207 和图 5-208 所示。

图 5-207 输入文字

图 5-208 画出小的矩形边框

51 用同样的方法对小矩形边框进行裁切并输入文字，再在下面输入具体的文字信息，如图 5-209 和图 5-210 所示。

图 5-209 输入文字

图 5-210 输入具体文字信息

52 框选文字后复制并水平移动到右侧，之后用同样的方法再复制一份，依次替换里面的文字，如图 5-211 和图 5-212 所示。

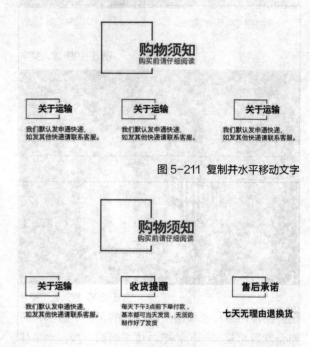

图 5-211 复制并水平移动文字

图 5-212 替换文字

53 接下来，加入反映公司作息时间、产品图片和签收等问题的图片以及鼓励客户给好评的素材，设计师可以根据产品特性自由设计，也可以套用模板，如图 5-213 和图 5-214 所示。

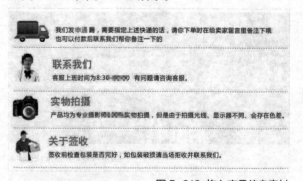

图 5-213 拖入产品信息素材

图 5-214 添加好评素材模块

54 使用"裁剪工具"把底部多余的背景剪切掉,之后整体检查一下产品详情页,看看文案是否正确,排版是否合理,在确认无误的情况下就要给详情页切图了。在详情页里面控制合适高度,画参考线,然后切图,最后导出图片即可,如图5-215和图5-216所示。

图 5-215 裁切多余背景

图 5-216 切图成功

5.4 优秀案例展示

多看同行的优秀作品,能够让自己的眼界快速提高,多临摹优秀的详情页作品,能够有效地避免眼高手低。有很多知识点看着很简单,但在自己做的时候却会困难重重,只有动脑筋解决了这些问题,才能提高自己的能力。多看优秀的详情页也能提高自己的创造力,当看到一个优秀的详情页时,要静下来分析它为什么这样排版,以后自己遇到类似的产品会怎么做,怎么做能够更优秀?这样就进步得更快了。下面展示一些优秀的设计案例,如图5-217~图5-220所示。

> **提示**
> 一般详情页的宽度是 750 像素,高度为 10000 像素左右。如果将详情页整体放上去,会很影响阅读体验,

下面把案例图片进行了裁切,分3列排版,把精华部分放在前面,大家可以从左至右浏览。

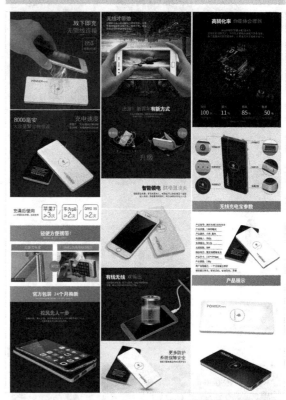

图 5-217 手机充电器详情页

图 5-218 投影仪详情页

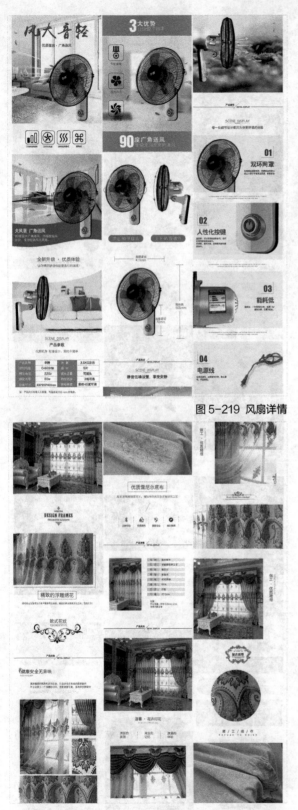

图 5-219 风扇详情

图 5-220 窗帘详情页

5.5 本章疑难问题解答

问题1：详情页设计得越长越好吗？

答：很多初级美工会认为产品详情页一定要介绍得很详细，图片越长越好。其实这是一个误区，就像展示鸡蛋，只介绍鸡蛋好吃有营养就行了，没必要再去详细介绍下蛋的母鸡。需要注意的是，要提炼产品的卖点，让客户有继续看下去的欲望，不要像产品说明书一样冷冰冰的。现在越来越多的客户通过移动端支付，移动端没有电脑端的操作方便，详情页太长会增加客户打开页面的时间，客户是没有耐心让图片都加载完了再了解产品的，所以要有所删减，把最吸引人的卖点展示出来，才会促成更多客户下单。

问题2：关联产品怎么设计？

答：一般在详情页的顶端都会放关联产品，或是放在店铺里面属于热销的产品模块里，物美价廉能吸引客户一次购买多个产品，也可以放和详情页主推产品搭配的产品。例如，详情页展示的是手机，关联产品上面可以展示手机充电宝、钢化玻璃膜、个性手机壳和手机配饰等。如果买家想装饰自己的手机，就会把这些一块放进购物车去结算，大大提高了店铺的销量。

问题3：做一个详情页要多久？

答：详情页没有主图制作得快，制作详情页花费的时间和精力都很大，普通的详情页一般一天左右能做完，爆款详情页花费的时间为2~4天。制作过程一般包括看同行优秀作品、自己画草稿定模块、搜集相关素材、产品修图、组织文案、开始设计。所谓"慢工出细活"就是这个道理，优秀的详情页不是越长越好，而是越精致越好。

第6章
店铺首页设计与制作

前期准备 首页布局 店招导航 轮播海报设计 掌柜推荐 产品分类 产品尾页设计 首页背景 实战演练

6.1 前期准备

淘宝和天猫首页是网店的门面，其设计效果的好坏直接影响客户对产品的印象，是检验网店美工是否优秀的重要指标。

优秀的首页设计能够让客户感觉走进了品牌专卖店，心里认同产品的品质，接着就会毫不吝啬地购买产品。反之，如果店铺首页设计得杂乱无章，色调是五颜六色的，会给人一种在杂货铺的感觉。如果这样，即使产品是好产品，客户心里也不会认同，会使劲压价。即使买了产品，客户也不会觉得产品有多好，会认为是低价买了个便宜货罢了，所以首页设计的重要性可见一斑。

在设计首页之前，一定要做好充分的前期准备。只有各种资料和素材都备好了，首页设计才能有条不紊地进行下去。下面为大家介绍一下首页设计需要准备什么。

针对自己要做的产品在淘宝上面搜索一下，选择

6.1.1 参考优秀作品

销量高的店铺，单击进去分析它们的首页风格特点、色调、布局和文案的组织，如图6-1所示。多浏览几家之后，总结一下这些首页的优势，自己可以在纸上画一个草稿，画出首页的大致排版方案。

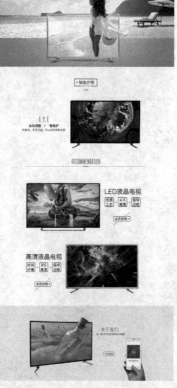

图6-1 参考优秀作品

6.1.2 搜集素材

根据产品的特性搜集一些对应的素材，如果产品偏中国风，就搜集一些中国风的素材作为点缀，使首页效果更佳，如图6-2所示。

图6-2 搜集素材

6.1.3 产品图片处理

做首页设计的时候，一定要精修产品图片。客户提供的图片有时候不太清晰或者曝光不准确等，需要设计师进行修图。产品图片质量的好坏直接影响客户的视觉体验，修图之后要进行抠图并导出PNG格式的图片，方便做首页的时候直接使用，如图6-3所示。

图6-3 处理产品图片

6.2 首页布局

在进行首页设计之前一定要精心构思，产品要归类展示，模块之间要衔接得当。可以添加一些客服、优惠券等模块，使产品展示不那么僵化。合理的页面布局会使客户浏览起来随心自如，能对店铺产品有一个良好的印象。

6.2.1 风格定位

设计店铺之前先要确定店铺的页面风格，首页

的风格要对应合适的客户人群（产品的受众是成年人还是儿童，不同年龄段客户的审美是不一样的）。根据客户人群的喜好确立首页的风格色调，这样会保证大方向不会出错，首页定位准确就等于成功了一半，如图6-4所示。

的感觉；白色调的首页清新、简约；黑色调的首页高端、神秘。根据产品的特性选择合适的色调，确保客户看到首页后心情舒畅，给客户留下好的印象，如图6-5和图6-6所示。

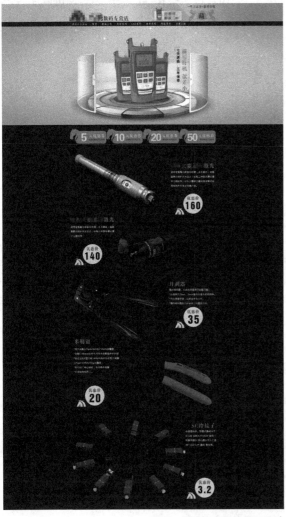

图6-4 风格合适的首页设计

效果分析

　　科技产品的首页设计，感觉是比较高端的。整体的蓝色调突出科技感，黄色的点缀色块使客户清晰地看到产品价格，马头形状的Logo串联整个页面，使首页设计完整统一。

6.2.2 色调选择

　　不同颜色的首页给人带来不同的视觉体验，金色页面给人温暖、大气的感觉；红色页面表现激情、自信；蓝色和绿色等色调的首页给人以清凉、时尚

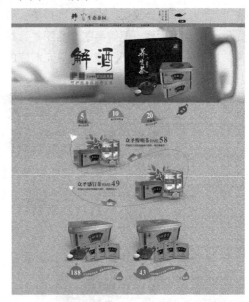

图6-5 金色调的首页

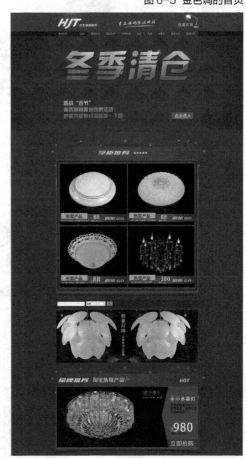

图6-6 红色调的首页

6.2.3 模块划分

在具体设计首页之前，要简单划分一下模块，根据产品特性大致分为轮播海报、在线客服、优惠券、主推产品、产品分类展示和尾页等模块。这样等于先做一个首页草稿，把需要的产品图片素材提前归类，接下来根据模块划分往里面填充对应的产品图片就可以了，如图6-7所示。

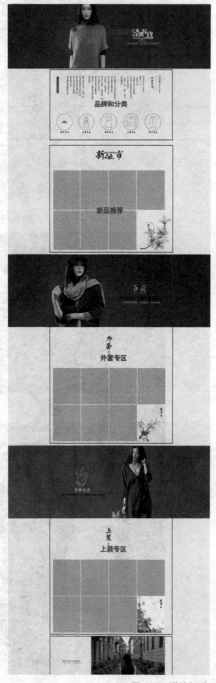

图6-7 模块划分

6.3 店招导航

店招导航位于店铺的顶部，在首页、详情页和分类页等页面上都能看到，店招导航展示了店铺的Logo、公司宣传文案和推广的产品等，可以使客户对店铺有基本的了解，如图6-8所示。下面为大家介绍一下店招导航的设计。

图6-8 店招导航

6.3.1 店铺Logo设计

知识点：店铺Logo设计

店铺Logo是企业形象的重要展现，有的公司会提供自己的Logo，有的公司没有Logo，需要设计师根据他们的产品和店铺名称来设计。Logo一般分为图案形式和文字变形形式，Logo设计需要遵循的规律是简单大方、寓意深刻，让人一眼就能够记住，能体现公司的气质。下面为大家介绍一下Logo的制作方法，完成后的效果如图6-9所示。

图6-9 Logo设计效果图

01 打开Photoshop软件，新建画布，选择"椭圆工具"，把填充颜色设置为蓝色，按住Shift键画一个圆形并居中放置。使用"钢笔工具"在蓝色图形上画一个浪花的图案，使用组合快捷键 Ctrl+Enter 建立一个选区，如图 6-10 和图 6-11 所示。

03 使用"钢笔工具"在图形下面建立一个波浪形图案，使用组合快捷键 Ctrl+Enter 建立选区，填充颜色为蓝色，如图 6-14 和图 6-15 所示。

图 6-10 画出蓝色的圆形

图 6-14 建立选区

图 6-11 画出浪花图案并建立选区

图 6-15 填充蓝色

提示

设计 Logo 的时候要充分考虑其用途，它不仅仅要放在店铺上面，还有可能会印在产品上面或被打印出来。所以设计的时候一定要将尺寸设置得大一些，方便后期使用。

04 在图形下面输入文字，调整文字大小，颜色设为蓝色。将 Logo 设计好之后，隐藏白色背景，执行"文件 > 存储为"菜单命令，存储为 PNG 文件，方便下次使用，如图 6-16 和图 6-17 所示。

02 设置前景色为白色，使用组合快捷键 Alt+Delete 填充前景色，再使用同样的方法在浪花右侧制作一个小浪花，如图 6-12 和图 6-13 所示。

图 6-12 制作大浪花

图 6-16 输入文字

图 6-13 制作小浪花

图 6-17 存储为 PNG 格式文件

6.3.2 企业宣传文案

在店招上面加入Logo之后，中间部分可以加上企业的宣传文案，文案要简单凝练，清晰地表达出企业的追求即可。

图6-18 宣传文案

6.3.3 主推产品和收藏

素材路径： 素材文件 >CH06>6.3.3

知识点：主推产品和收藏

在店招上面放置热销产品是一个很明智的做法，将店铺中销量高且物美价廉的产品放置在顶部，客户只要进了店铺，不管是在详情页上还是首页上都能看到。客户单击进去看到销量和评价会打消顾虑下单购买，给店铺带来更多的流量，也能吸引更多的客户。产品右侧有收藏店铺的按钮，客户单击按钮收藏店铺，方便下次购买产品的时候直接找到店铺，如图6-19所示。

图6-19 店招

下面为大家演示一下店招的具体制作步骤。

01 在店招的右侧拖入"电视"素材，调整大小和位置，在显示器上面画一个黄色矩形，完全覆盖住显示器，如图6-20和图6-21所示。

图6-20 拖入素材

图6-21 画出黄色矩形

02 在黄色矩形图层上面拖入"人物"素材，调整其大小和位置，然后新建图层，使用"钢笔工具"在图片上面建立选区，如图6-22和图6-23所示。

图6-22 拖入素材

图6-23 建立选区

03 将画笔的颜色设置为白色并调整其大小，在选区里面单击，适当降低不透明度，形成电视屏幕反光的效果，之后在电视素材右侧输入文案，如图6-24和图6-25所示。

图6-24 制作反光效果

图6-25 输入文案

04 在文案下面画一个圆角矩形，调整其长度。双击矩形所在的图层，在弹出的"图层样式"对话框中选择"渐变叠加"选项，在弹出的渐变编辑器中编辑颜色（左右两侧为金色，中间部分为亮金色）。回到"图层样式"对话框，调整"角度"为0，缩放渐变距离，单击"确定"按钮，如图6-26和图6-27所示。

图6-26 画出圆角矩形

第6章 店铺首页设计与制作

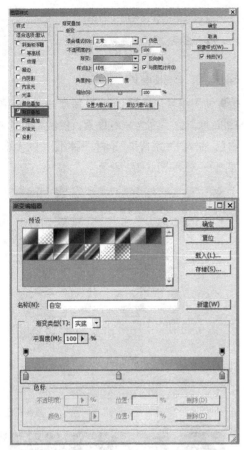

图 6-30 画出一个矩形

图 6-31 处理矩形

07 在图形里面输入金色文字，调整行距，再在图形左下角输入英文文字，然后检查一下看哪里需要调整。接着单击电视所在的图层，复制一层，使用组合快捷键 Ctrl+T 调出自由变换工具对复制的图层进行垂直翻转。之后再移动到电视的底部，使用"橡皮擦工具" 把多余的地方擦除掉，最后降低不透明度，如图 6-32 和图 6-33 所示。

图 6-32 输入文字

图 6-33 制作投影效果

图 6-27 调整渐变

05 将矩形进行渐变处理之后，选择"横排文字工具"，颜色设置为红色，在矩形上面输入文案，如图 6-28 和图 6-29 所示。

图 6-28 调整后的渐变效果

图 6-29 输入文案

06 在文案右侧画一个黄色的矩形边框，然后对边框进行栅格化处理，使用"矩形选框工具" 对图形右上角和左下角进行删减，如图 6-30 和图 6-31 所示。

6.3.4 导航条设计

店铺导航条的作用十分明显，客户通过它可以很清晰地看到店铺经营的产品、产品的分类、品牌故事等。在导航条上客户可以根据自己的需求选择分类产品，购物时更简单方便。

141

导航条的样式一般分为纯色、渐变和纹理3种，导航条的颜色可以自由选择，色彩搭配要符合首页的整体风格。一般导航条上的"首页"二字会突出显示或者加上一个颜色对比强烈的背景，方便客户寻找，如图6-34所示。

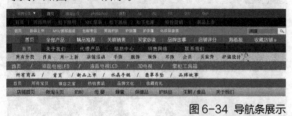

图6-34 导航条展示

6.4 轮播海报设计

首页轮播海报位于店招导航的下面，一般在海报上面放的是主推产品，海报的图片效果一定要高端大气，要能突出产品卖点，让客户看了过目不忘。一般可以放置4～5张首页海报，轮播的速度可以慢一些，方便客户看到海报上面的内容，进而下单购买。

6.4.1 搜集素材

在设计海报前，要多搜集一些设计素材，根据产品特性选择合适的背景。也可以加一些创意元素，突破原有的框架，让画面更绚丽多彩，如图6-35所示。

图6-35 海报素材

6.4.2 海报设计

搜集好素材之后，根据产品特性进行具体设计，下面为大家介绍一下海报设计的步骤。

素材路径：素材文件>CH06>6.4.2
实例路径：实例文件>CH06>6.4.2

知识点：海报设计

01 使用组合快捷键Ctrl+N新建画布，设置宽度为1920像素，高度为800像素，然后将前景色设置为白色。拖入"太空背景"素材，调整图片的大小和位置，如图6-36和图6-37所示。

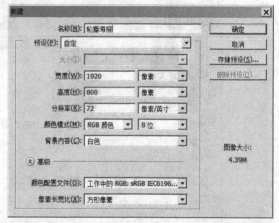

图6-36 新建画布

图6-37 拖入背景素材

02 双击背景所在的图层，在"图层样式"对话框中选择"图案叠加"选项，选择合适的图案，将图层的混合模式调整为"叠加"，可以多试几张图片，选择自己满意的效果，如图6-38和图6-39所示。

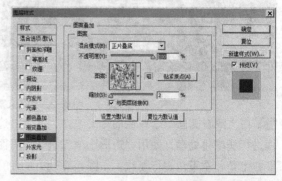

图6-38 设置图层样式

图 6-39 添加效果

03 拖入"电视"素材文件,调整其大小并将其居中放置。在显示器上面新建图层,使用"矩形工具" ▢ 画一个蓝色矩形,如图 6-40 和图 6-41 所示。

图 6-40 拖入"电视"素材文件

图 6-41 画出蓝色矩形

04 在蓝色矩形上面拖入背景素材,并调整其位置。按住 Alt 键,在两个图层之间单击盖印图层。拖入"宇航员"素材,调整其大小和位置,如图 6-42 和图 6-43 所示。

图 6-42 盖印图层

图 6-43 拖入"宇航员"素材

05 双击"宇航员"素材所在的图层,在弹出的"图层样式"对话框中选择"外发光"选项,将"混合模式"设置为"滤色",颜色设置为蓝色,使外发光的颜色与背景呈一个色调,但又很突出,如图 6-44 和图 6-45 所示。

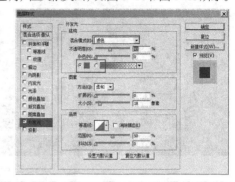

图 6-44 调整"图层样式"

图 6-45 调整素材文件的位置

06 新建图层,使用"钢笔工具" ✎ 在新图层上面建立选区,然后选择"画笔工具" ✎ ,调整画笔的大小,颜色设置为白色,在选区里面画出电视机的反光。可以适当降低反光的不透明度,使其看起来更加自然,如图 6-46 和图 6-47 所示。

图 6-46 建立选区

图 6-47 填充选区并调整不透明度

07 在电视素材图层下面新建图层,使用"画笔工具"画一个黑色的投影,使其变形压缩,调整图层的"混合模式"为"叠加"。使用"矩形工具"在电视上面画一个白色矩形,如图6-48和图6-49所示。

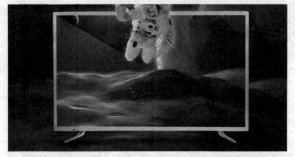

图6-48 制作投影

图6-49 画出白色矩形

08 在矩形图层上单击鼠标右键,在弹出的快捷菜单中选择"栅格化图层"命令,使用"矩形选框工具"对矩形下方进行删减,之后在里面输入文字,如图6-50和图6-51所示。

图6-50 处理矩形

图6-51 输入文字

09 选择"圆角矩形工具",将颜色设置为红色,在文字左边画一个圆作为点缀元素,然后在矩形下面输入英文。单击"自定义形状工具",选择合适的图案,把颜色设置为白色,在矩形下面画一个水纹图案,如图6-52和图6-53所示。

图6-52 输入英文文字

图6-53 选择自定义形状的图案

10 画好水纹图案之后,降低其不透明度,对点缀素材要控制好亮度,不能喧宾夺主。在电视机上面输入文字,增加产品卖点,如图6-54和图6-55所示。

图6-54 画出水纹图案

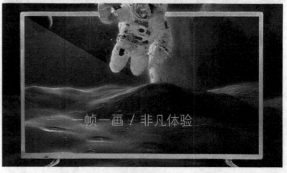

图6-55 输入文字

11 在中文文字下面输入英文文字，在字符参数里面调大字间距，降低英文文字的不透明度，然后对海报的一些细节再调整一下就可以导出图片了，如图6-56和图6-57所示。

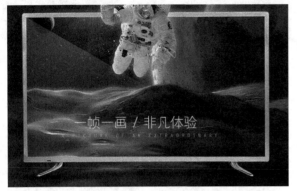

图 6-56 输入英文文字

图 6-57 最终效果

6.5 掌柜推荐

轮播海报模块下面是在线客服和掌柜推荐模块。在线客服模块方便客户看到喜欢的产品及时与客服人员沟通。掌柜推荐模块也十分重要，这个位置的产品一定要物美价廉，在店铺里面口碑和销量排名都得靠前，排版的时候也需要精心设计。

6.5.1 排版设计

掌柜推荐的排版一般分为传统排版、左文右图（或左图右文）排版和三角形排版。这3种排版布局各有优势，可以根据实际情况选择合适的排版布局。

传统排版：排版整齐、规则，可以放10个左右的推荐产品，可以适当突破常规，在方块图形里面增加一些点缀图案，与下面的产品分类形成对比，如图6-58所示。

图 6-58 传统排版

左文右图/左图右文排版：左文右图或左图右文也是设计师经常使用的排版方式。热销产品旁边搭配促销文案和卖点解析，使客户对产品了解得更充分，这样排版时不建议放很多产品，多了会给人以呆板的感觉，放置2～4个产品为宜，如图6-59所示。

图 6-59 左文右图/左图右文排版

三角形排版：这种排版体现形式美，三角形构图比较稳固，最上面的产品是要重点突出的，一般是店铺的爆款产品，文案写作方面可以多加一些创意，使其卖点更突出，如图6-60所示。

图 6-60 三角形排版

6.5.2 推荐产品制作

下面为大家讲解一下推荐产品的创意排版步骤。

素材路径: 素材文件 >CH06>6.5.2

知识点: 推荐产品排版

01 使用组合快捷键 Ctrl+N 新建画布,设置宽度为 1920 像素、高度为 1796 像素。设置前景色为淡黄色,双击背景图层解锁图层,使用组合快捷键 Alt+Delete 填充前景色,如图 6-61 和图 6-62 所示。

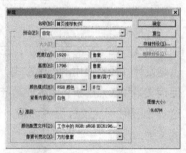

图 6-61 新建画布

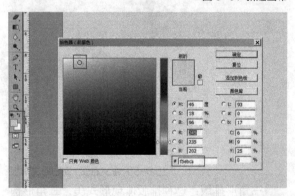

图 6-62 设置前景色为浅黄色

02 使用组合快捷键 Ctrl+T 调出自由变换工具,在背景上面拖入参考线放置在中间位置,按 Enter 键确认。接着拖入"树叶"素材,调整其大小并居中放置,如图 6-63 和图 6-64 所示。

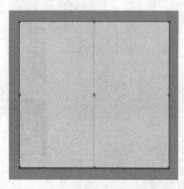

图 6-63 设置参考线

图 6-64 拖入并调整"树叶"素材

03 在树叶右侧输入店铺名称,在下面输入客服信息,调整文字之间的间距,如图 6-65 和图 6-66 所示。

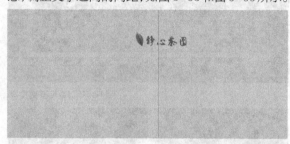

图 6-65 输入店铺名称

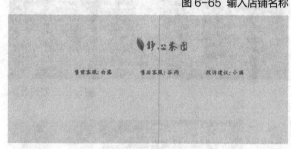

图 6-66 输入客服信息

04 拖入"在线旺旺"图标,复制一层并移动图标,调整图标的位置,然后选择"矩形工具",调整边框的颜色和大小,在图标外侧画一个边框,如图 6-67 和图 6-68 所示。

图 6-67 复制、移动图标

图 6-68 画出黄色矩形边框

> **提示**
> 现在放上"在线旺旺"图标只是作为效果展示,导出图片时可以去掉,装修首页的时候需要用专门的软件进行制作,到时图标会自动显示在页面上。

05 选择矩形所在的图层,单击鼠标右键,在弹出的快捷菜单中选择"栅格化图层"命令,然后选择"橡皮擦工具" 并设置合适的笔刷,在矩形边框上面擦除纹理。再选择"钢笔工具",将模式改为"形状",调整描边的颜色和粗细,选择曲线,在下面画一个波浪形曲线,如图6-69和图6-70所示。

图6-69 处理纹理

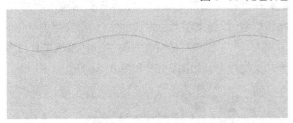

图6-70 画出波浪形曲线

06 使用"钢笔工具"在波浪形曲线左侧建立个性选区,设置前景色为绿色,使用组合快捷键Alt+Delete填充前景色。调整图案的大小和位置,使其和波浪形曲线吻合,如图6-71和图6-72所示。

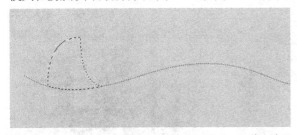

图6-71 建立选区

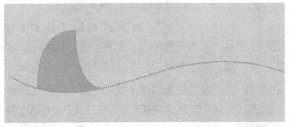

图6-72 填充颜色

07 双击图案所在的图层,在弹出的"图层样式"对话框中选择"图案叠加",找到合适的图案,并给图案增加纹理,然后在上面输入文字,如图6-73和图6-74所示。

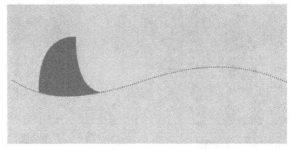

图6-73 增加纹理

图6-74 输入文字

08 根据波浪起伏,在图案下面使用"钢笔工具"画一条不封闭的曲线,然后使用"横排文字工具"在上面输入文字,这时文字会随着钢笔建立的弧形曲线进行排列,如图6-75和图6-76所示。

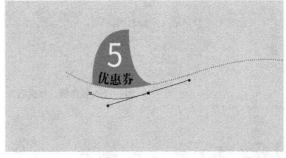

图6-75 建立路径

图6-76 输入文字

09 使用"钢笔工具" 建立新的选区,填充为绿色,调出"图层样式"对话框制作出同样的图案,然后用"钢笔工具" 建立曲线并输入文字,如图6-77和图6-78所示。

图6-77 制作图案

图6-78 输入文字

10 用同样的方法制作第3张优惠券,3张优惠券的距离尽量保持一致,接着在波浪线的右侧拖入茶壶的素材图片,调整其大小和角度,如图6-79和图6-80所示。

图6-79 制作第3张优惠券

图6-80 拖入并调整茶壶素材

11 在茶壶上面输入文字,在茶壶下面使用"钢笔工具" 建立个性选区,填充绿色,这样就形成了水波,使优惠券像是在水波上面显示。然后拖入"产品1"素材放置在优惠券的左下方,之后调整其大小,如图6-81和图6-82所示。

图6-81 输入文字

图6-82 拖入并调整"产品1"素材

12 在产品下面加上投影,然后在右侧输入产品文案和价格,设置文案颜色为咖啡色、价格文字为红色。再拖入"产品2"素材放置在右侧,使用"画笔工具" 为其添加投影,如图6-83和图6-84所示。

图6-83 输入文字

图6-84 拖入"产品2"素材

13 在产品图片的左侧输入文案和价格,然后选择"钢笔工具" ,设置为"形状",将"描边"颜色改为深褐色,在描边选项里选择虚线,在两个产品之间画条曲线,把两个产品串联起来,同时可以适当降低曲线的不透明度,如图6-85和图6-86所示。

图 6-85 输入文字

图 6-86 画出曲线

14 在曲线的左上侧拖入"白鸽"素材,调整其大小,使其头部面向产品,然后复制一份白鸽素材并翻转缩小放置在曲线的另一端,以形成呼应。使用"钢笔工具"建立选区来制作小船的剪影,同样放在曲线上,如图 6-87 和图 6-88 所示。

图 6-87 拖入素材

图 6-88 制作小船剪影

15 在小船剪影上面输入"包邮"二字和小船形成联系,复制小船和文字移动到下面,并调整小船的方向,使其和下面的曲线贴合,如图 6-89 和图 6-90 所示。

图 6-89 输入文字

图 6-90 复制并调整素材

16 拖入"产品 3"素材,使用"画笔工具"给产品加上投影,接着使用"钢笔工具"建立个性选区并填充颜色,之后给选区增加纹理和投影,如图 6-91 和图 6-92 所示。

图 6-91 拖入产品素材并添加投影

图 6-92 制作图形

⓱ 在图形上面输入价格,并在图形上面加上一个符号,使图形整体像一个小船的形状。在图形右侧用"钢笔工具"画一个树叶状的图形,建立选区并填充颜色,然后给其增加纹理,如图6-93和图6-94所示。

图6-93 输入价格

图6-94 建立图形

⓲ 用"钢笔工具"建立S形曲线路径,在上面输入产品功效的文案信息,在图形右侧用"钢笔工具"建立一个水滴形状的图形,并给其增加纹理,如图6-95和图6-96所示。

图6-95 输入文案信息

图6-96 建立水滴图形

⓳ 在水滴图形上面输入文字,然后用"钢笔工具"在水滴图形附近建立一些小选区并填充颜色,以作为点缀元素。产品和文案制作好之后,锁定背景图层,使用"移动工具"框选产品,使用组合快捷键Ctrl+G编组,然后复制组并将其水平移动到右侧,之后替换掉产品图片,如图6-97和图6-98所示。

图6-97 输入文字

图6-98 复制产品和文案并替换图片

⓴ 接下来替换下面的文案和价格,缩小界面浏览一下整体,看看哪里有问题,再具体调整一下。确认无误后,执行"文件 > 导出 > 导出为"菜单命令,格式选JPEG就可以了,如图6-99和图6-100所示。

图6-99 替换文案和价格

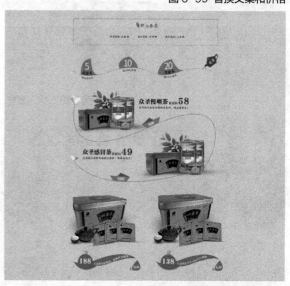

图6-100 最终效果

6.6 产品分类页

掌柜推荐下面紧接着的就是产品分类页面,产品分类页可以对产品进行更加细致的分类,使店铺看起来更加正规统一,如服装店铺外套专区、毛衣专区、裤子专区等。客户可以根据自己的需求在找具体产品的同时能够有所参考,或许会同时购买好几件,给店铺带来更多销量。

6.6.1 产品分类页排版

产品分类页的重点是展示分类产品,相对于产品推荐页来说,需要设计发挥的空间不太大,可以根据产品首页的风格增加一些点缀素材,使首页更加统一。下面给大家展示一下不同风格的分类页排版,如图6-101~图6-103所示。

图6-101 经典排版

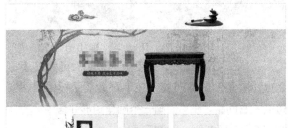

图6-102 中国风排版

图6-103 现代风排版

6.6.2 产品分类页制作

以化妆品的分类页制作为例,搜集化妆品素材,接着修一下产品素材图(化妆品对图片要求很高,做之前需要对每一个产品图进行精修)。下面为大家讲解一下产品分类页的制作步骤。

> 素材路径:素材文件 >CH06>6.6.2
> 实例路径:实例文件 >CH06>6.6.2

知识点:产品分类页制作

01 使用组合快捷键Ctrl+N新建画布,设置宽度为1920像素,高度为1848像素,然后设置前景色为浅褐色,双击背景图层解锁,使用组合快捷键Alt+Delete填充前景色,如图6-104和图6-105所示。

图6-104 新建画布

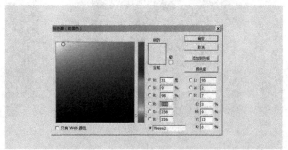

图6-105 选择颜色

02 背景颜色填充之后，拖入"背景"素材，调整大小后放置在顶部，然后拖入"产品1"素材并居中放置，双击产品所在的图层，在弹出的"图层样式"对话框中选择"投影"，调整投影的角度和不透明度，如图6-106和图6-107所示。

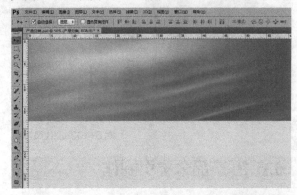

图6-106 拖入"背景"素材

图6-107 拖入并调整产品素材

03 在产品图层下面新建图层，拖入"液体"素材，调整其大小和位置。为了打破约束，可以让"液体"素材流到海报下面，然后在图片右侧画一个白色的圆形，如图6-108和图6-109所示。

图6-108 拖入"液体"素材

图6-109 画出白色圆形

04 选择圆形所在的图层，对图层进行"栅格化图层"处理，框选右侧一部分选区，删除选区内的边框。在边框缺口处输入文案，文字颜色为亮黄色，以突出主题，如图6-110和图6-111所示。

图6-110 删减图形

图6-111 输入文案

05 在文案下面画一个深色矩形，然后调整其不透明度，在里面输入英文，在字符参数面板中调整字母的左右间距。在下面画一个圆角矩形并居中放置，如图6-112和图6-113所示。

图6-112 输入英文

图 6-113 画出圆角矩形

06 双击圆角矩形所在的图层,在弹出的"图层样式"对话框中选择"渐变叠加",在弹出的渐变编辑器上面调整渐变颜色,之后单击"确定"按钮。最后,在图形上面输入产品文案,如图 6-114 和图 6-115 所示。

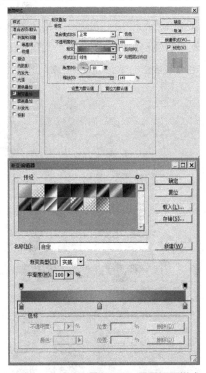

图 6-114 设置图层样式

图 6-115 输入产品文案

07 继续在下面输入产品功效等卖点文字,调整文字之间的间距,在海报下面拖入"产品 2"素材并调整大小和位置,如图 6-116 和图 6-117 所示。

图 6-116 输入产品卖点

图 6-117 拖入并调整产品素材

08 选中产品所在的图层,进行栅格化处理。使用"矩形选框工具" 选中产品底部一块区域,使用组合快捷键 Ctrl+C 复制和组合快捷键 Ctrl+V 粘贴选定的区域,然后使用组合快捷键 Ctrl+T 调出自由变换工具对该区域进行垂直翻转,按回车键确认。选择"橡皮擦工具" 并调整其大小,擦除多余的部分,调整图层的不透明度,拖到产品图片的下方,如图 6-118 和图 6-119 所示。

图 6-118 翻转图片

图 6-119 擦除部分产品图片

153

09 在产品上面画一个褐色的圆形虚线，将虚线放置在产品外部，比产品大一些，然后在虚线顶部画一个黄色的圆形，如图 6-120 和图 6-121 所示。

图 6-120 画出圆形虚线

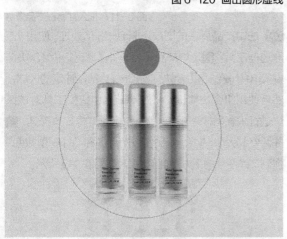

图 6-121 在虚线顶部画圆形

10 双击圆形图案所在的图层，在弹出的"图层样式"对话框中选择"渐变叠加"和"投影"，调整"渐变叠加"的"颜色"和"角度"，调整"投影"的"不透明度"和"角度"，最后在图案上面输入产品价格，如图 6-122 和图 6-123 所示。

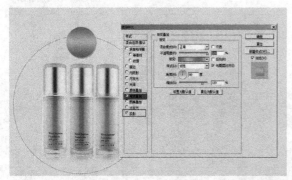

图 6-122 设置图层样式

图 6-123 输入产品价格

11 在产品图片下面画一个褐色的圆角矩形，然后在矩形右侧再画一个黄色的小圆角矩形，使其与大的圆角矩形紧密贴合，如图 6-124 和图 6-125 所示。

图 6-124 画出圆角矩形

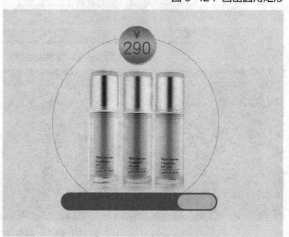

图 6-125 画出小的黄色圆角矩形

12 双击黄色矩形所在的图层，在弹出的"图层样式"对话框中选择"内发光""渐变叠加""投影"，分别进行参数调整，然后再输入文字，如图 6-126 和图 6-127 所示。

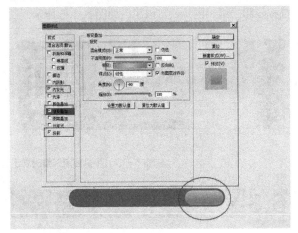

图 6-126 设置图层样式

图 6-127 输入文字

13 锁定背景图层，用"移动工具"框选产品和文案，使用组合快捷键 Ctrl+G 编组，将组重命名为"组1"，然后使用组合快捷键 Ctrl+J 复制组并重命名为"组2"，使用组合快捷键 Ctrl+T 调出自由变换工具选中产品，然后按住 Shift 键水平移动到右侧，替换产品图片和文字，如图 6-128 和图 6-129 所示。

图 6-128 复制图层组

图 6-129 替换产品和文字

14 在图层面板上面选中"组1"和"组2"，使用组合快捷键 Ctrl+J 复制两个组，然后分别重命名为"组3"和"组4"，接着替换"组3"里面的图片和文字，如图 6-130 和图 6-131 所示。

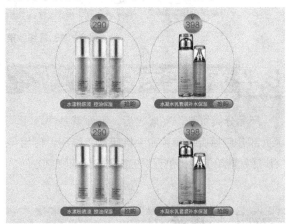

图 6-130 复制并移动两个图层组

图 6-131 替换左侧的产品和文字

15 选择右侧的"组4"，分别替换产品和文字。做好之后浏览整个页面，检查产品是否对齐，距离是否合适，进行细节调整之后就可以导出图片了，如图 6-132 和图 6-133 所示。

图 6-132 替换右侧的产品和文字

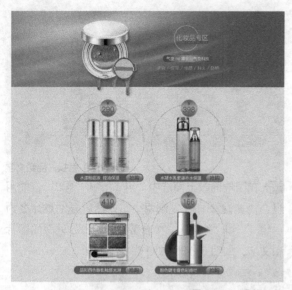

图 6-133 最终效果

6.7 产品尾页设计

产品分类页制作完成之后,下面就是尾页了。尾页部分包括店铺宗旨和手机店铺二维码,作用是突出店铺能给客户提供更好的服务,让购物更方便。

6.7.1 店铺宗旨

店铺宗旨是店铺对客户做出的承诺,对产品质量和价格提供说明,让客户在咨询、下单、物流和售后等各个环节都有保障,最大限度地保障客户的利益,如图 6-134 所示。

图 6-134 店铺宗旨

6.7.2 添加手机店铺二维码

现在随着手机的大量普及,越来越多的客户选择移动支付方式。为了方便客户更好地购物,在首页底部设置一个手机店铺的二维码,客户扫描之后可以直达手机店铺。图片背景可以选择跟产品相关的图片,如店铺卖的是窗帘,可以找一个窗帘的近景作背景,跟首页整体上保持统一,再放上店铺名称、二维码扫描提示和二维码图片就可以了,如图 6-135 所示。

图 6-135 手机店铺二维码展示

6.8 首页背景

首页背景一般分为固定背景和全屏背景两种形式,各有优点,做的时候要根据实际情况选择合适的背景。下面给大家介绍一下这两种形式的首页背景。

6.8.1 固定背景

固定背景,是指背景是全屏的,当客户往下浏览产品的时候,两侧的背景是固定的,客户可以专心浏览自己喜欢的产品。固定的背景图片一般跟产品有一定的关联,如店铺是经营钻戒、珠宝类目的,那背景就放一些钻石的图片。可以适当地模糊一下图片,因为太显眼会抢首页产品的风头。在两侧的背景上面还可以添加有店铺 Logo 的水印,这样能增加客户对店铺的印象,如图 6-136 所示。

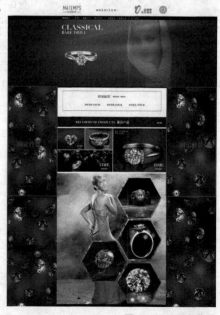

图 6-136 固定背景

6.8.2 全屏背景

全屏背景是指产品图片和背景融为一体，随着鼠标拖动背景会跟随产品图片上下移动。全屏背景一般建议用纯色作底色，这样可以使背景和产品更加协调，如图 6-137 所示。

图 6-137 全屏背景

6.9 实战演练

6.9.1 银饰首页设计

银饰首页设计可以尝试做中国风的，这样会使产品显得清新脱俗，客户在首页的氛围影响下购买自己喜欢的产品，能给店铺带来更多销量。

素材路径：素材文件 >CH06>6.9.1
实例路径：实例文件 >CH06>6.9.1

知识点：中国风首页设计

01 使用组合快捷键 Ctrl+N 新建画布，设置宽度为 990 像素，高度为 120 像素，填充背景颜色为白色。图像建立好之后，在图片左右和底部都画上参考线，如图 6-138 和图 6-139 所示。

图 6-138 新建画布

图 6-139 建立参考线

提示
上图是店招尺寸，先做店招是为了画参考线，方便后期切图使用。天猫首页模块的宽度是 990 像素、淘宝的是 950 像素，要根据实际情况定宽度。

02 执行"图像 > 画布大小"菜单命令，调整定位由顶部往下增大画布，高度定为 150 像素。因为原来是 120 像素，现在增大到 150 像素，多出来的 30 像素是导航条的高度。在底部画上参考线，这样导航条的高度就固定了，如图 6-140 和图 6-141 所示。

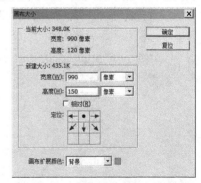

图 6-140 增大画布

图 6-141 画出导航条的参考线

03 继续调整画布的大小，使其宽度改为1920像素（全屏尺寸）、高度为5400像素，之后可以根据实际操作增大或者减小画布高度，选择背景颜色为浅灰色，如图6-142和图6-143所示。

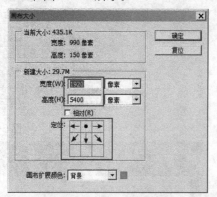

图6-142 调整画布大小

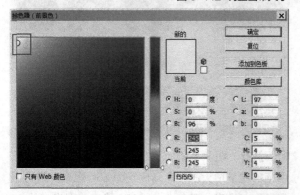

图6-143 选择背景颜色

04 使用组合快捷键Alt+Delete填充前景色，然后拖入"店招背景"素材，调整其位置和大小，使其与参考线重合就可以了，如图6-144和图6-145所示。

图6-144 填充颜色

图6-145 拖入"店招背景"素材

05 选择"矩形选框工具" ▭，颜色设置为红色，在导航参考线内画一个矩形，然后在店招参考线内输入店铺名称，尽量靠近左侧参考线，如图6-146和图6-147所示。

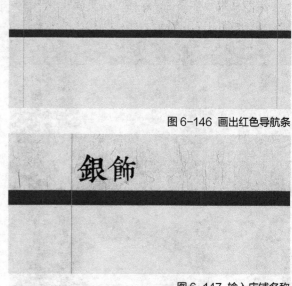

图6-146 画出红色导航条

图6-147 输入店铺名称

06 用鼠标右键单击文字所在的图层，对其进行"栅格化图层"处理，使用"钢笔工具" ✎对文字的偏旁部首进行抠图。建立选区，使用组合快捷键Ctrl+C复制，再用组合快捷键Ctrl+Shift+V进行原地粘贴，然后双击选区所在的图层，在弹出的"图层样式"对话框中选择"颜色叠加"，颜色选择暗红色，然后在右侧输入文案，缩小字号并水平居中对齐，如图6-148和图6-149所示。

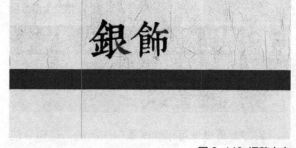

图6-148 调整文字

图6-149 输入文案

第6章 店铺首页设计与制作

07 在文案右侧拖入"主推产品"素材,调整其大小和位置,在产品右侧输入文案,如图6-150和图6-151所示。

图6-150 拖入"主推产品"素材

图6-151 输入文案

08 在文案下面用"画笔工具" ✎ 画一个红色的底纹,在底纹上面输入文案,调整文字大小,在文案右侧拖入"梅花"素材进行点缀,如图6-152和图6-153所示。

图6-152 画底纹并输入文字

图6-153 拖入"梅花"素材

09 在"梅花"素材下面画一个圆形的边框,在所在的图层上单击鼠标右键进行"栅格化图层"处理,然后用"矩形选框工具" ▭ 选取部分边框进行删除。在画布上输入文字,然后用鼠标右键单击相应图层,在弹出的快捷菜单中选择"栅格化图层"命令。选择"橡皮擦工具" ✐,设置合适的纹理笔刷,在文字上面单击以做出纹理的效果,如图6-154和图6-155所示。

图6-154 删除部分圆形边框

图6-155 输入并处理文案

10 回到导航条的位置,在下面输入导航文案,调整好文字间距。店招导航制作成功后,接下来需要做轮播海报图片,拖入"秋海报"素材,使其顶部与导航条贴合,如图6-156和图6-157所示。

图6-156 输入导航文案

图6-157 拖入"秋海报"素材

提示

　　轮播海报的高度一般为600~800像素,太高了图片太大,会影响网页的加载速度,也不太美观;太低了会显得压抑,排版时也不好设计。

11 在海报上面输入文案，文字错落排版，不能一次性输入，可以先输入一个"知"字，然后复制一层，移动位置再替换成"秋"字。在文案左下角拖入"枫叶"素材，调整大小，然后输入英文文字，将它们进行"栅格化图层"处理，使用"橡皮擦工具"擦出纹理的效果，如图6-158和图6-159所示。

图6-158 输入文案

图6-159 拖入"枫叶"素材

12 在文案外侧画一个黑色的边框，然后单击鼠标右键，在弹出的快捷菜单中选择"栅格化图层"命令。使用"矩形选框工具"将部分边框删除掉，保留边框的右上角和左下角，如图6-160和图6-161所示。

图6-160 画出黑色矩形边框

图6-161 删除部分边框

13 在文案下面输入次标题等文案，文字居左对齐，然后画一个黑色边框，使其与文案居中对齐，如图6-162和图6-163所示。

图6-162 输入文案

图6-163 画出长方形边框

14 单击鼠标右键，在弹出的菜单中选择"栅格化图层"命令，使用"橡皮擦工具"擦出纹理效果，然后输入促销文案，海报设计好之后再在下面画一个黑色的圆框，如图6-164和图6-165所示。

图6-164 输入促销文案

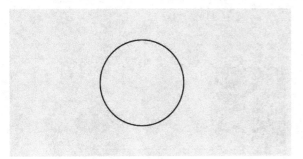

图 6-165 画出圆形边框

⑮ 在圆形边框里面输入优惠券文案,价格文字用红色表示。在下面画一条黑色直线,再输入满减的文案,调整文字布局,使其与边框保持一定的距离,如图 6-166 和图 6-167 所示。

图 6-166 输入价格

图 6-167 输入满减文案

⑯ 用"移动工具" 框选优惠券文案,使用组合快捷键 Ctrl+G 编组,然后复制组,按住 Shift 键将组水平移动。用同样的办法再复制 2 个,调整 4 个优惠券之间的距离,然后分别替换优惠券里面的文案,如图 6-168 和图 6-169 所示。

图 6-168 复制优惠券图层组

图 6-169 替换文案

⑰ 接下来,给 4 个优惠券制作纹理效果,再为了方便后期修改,先复制一下 4 个优惠券所在的组,再按组合快捷键 Ctrl+E 合并图层,然后隐藏原来的 4 个组。使用"橡皮擦工具" 在合并的优惠券图片上面擦除纹理,在优惠券下面画一个黑色边框,用同样的方法制作出纹理效果,如图 6-170 和图 6-171 所示。

图 6-170 制作纹理效果

图 6-171 制作纹理边框

⑱ 在矩形里面输入文案,店铺名称的颜色用红色,然后在下面输入客服信息,调整文字之间的距离,如图 6-172 和图 6-173 所示。

图 6-172 输入文案

图 6-173 输入客服信息

19 在对应的客服人员名字后面拖入"在线旺旺"的图标,调整图标位置,然后在下面输入文字,文字要竖向排列,如图6-174和图6-175所示。

图6-174 设置图标

图6-175 输入"推荐"文字

20 在"推荐"的右侧输入"新品上市"的小字作为注解,在它们中间用"钢笔工具"制作一个三角形选区,填充颜色为红色,使用"橡皮擦工具"擦出纹理,如图6-176和图6-177所示。

图6-176 输入文字

图6-177 制作点缀效果

21 在左下方拖入产品图片,调整其宽度和高度,然后使用组合快捷键Alt+Shift复制图层并水平移动,使不同产品之间的间距一样。复制出3张就可以了,如图6-178和图6-179所示。

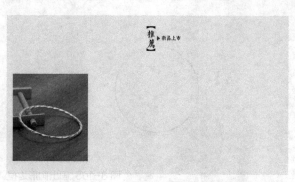

图6-178 拖入产品图片

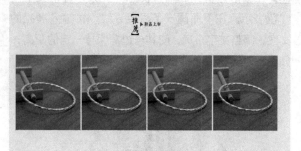

图6-179 复制产品图片

22 选择复制的图片,再拖入新品图片,在两个图层之间按住Alt键进行盖印图层处理,然后用同样的方法替换剩余的2张图片。用"移动工具"框选这4张图片,再使用组合快捷键Ctrl+J复制4张图片,按住Shift键水平向下移动,与上面的产品图片保持一定的距离,如图6-180和图6-181所示。

图6-180 分别替换图片

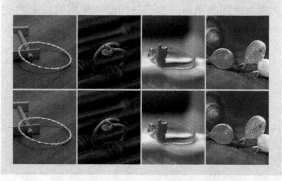

图6-181 复制并下移图片组

23 用上面的方法依次替换左侧的3张图片,给第4张图片填充一个白色背景,制作一些效果。拖入"花"素材并调整其位置,要在右侧多出一块,如图6-182和图6-183所示。

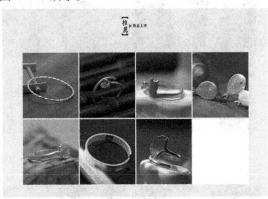

图 6-182 分别替换图片

图 6-183 拖入"花"素材

24 拖入"窗户"素材放置在"花"素材上,然后输入文案。窗户和花给人以温馨的感觉,通过窗户暗示房子里面有更多的产品。将掌柜推荐做好之后,接下来要做产品分类,先拖入一张产品全屏展示图片并调整其高度,如图6-184和图6-185所示。

图 6-184 拖入素材并输入文案

图 6-185 拖入产品全屏展示图片

25 在产品右侧输入文案,可以对文字做一些变化,给"匆"字单独制作效果,调整其位置向右侧移动,然后进行"栅格化图层"处理。执行"滤镜 > 模糊 > 高斯模糊"菜单命令,调整模糊的参数,再适当降低图片的不透明度,使文字之间形成前后的距离感,如图6-186和图6-187所示。

图 6-186 输入并调整文字

图 6-187 设置文字效果

26 在文案左侧输入次标题和直线,文案做好之后看一下海报的整体效果,纯色背景稍显单调,可以使用"自定义形状工具"选择合适的图案进行点缀,如图6-188和图6-189所示。

图 6-188 输入文字和直线

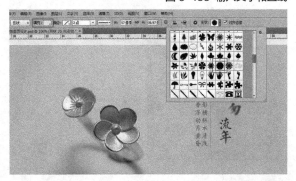

图 6-189 选择图案

㉗ 在海报上面画出一些花纹图案，把颜色设置为米色，可以适当降低不透明度之后再进行合理布局。海报做好之后在下面输入产品分类名称，如图 6-190 和图 6-191 所示。

图 6-190 设置缀图案

图 6-191 输入分类名称

㉘ 在分类名称下面输入小文字，中间画一个小圆圈作为点缀。拖入产品素材，调整大小并放置在左侧，如图 6-192 和图 6-193 所示。

图 6-192 输入小文字

图 6-193 拖入并调整产品素材

㉙ 在图片右侧用"矩形工具" 画出模块以方便排版，模块调整好之后，往里面填充产品图片就可以了，如图 6-194 和图 6-195 所示。

图 6-194 画出模块

图 6-195 填充图片

㉚ 在右侧图片的后面添加"植物"素材，调整其大小和位置。将分类 1 做好之后，接着做分类 2 的海报图片，拖入产品素材并全屏展示，之后调整其高度，如图 6-196 和图 6-197 所示。

图 6-196 添加素材

图 6-197 拖入产品素材

31 在产品右侧画一个黑色的圆圈,在里面输入标题文字并进行排版(在两个图层上分别输入这两个文字,然后调整文字的位置和大小),如图 6-198 和图 6-199 所示。

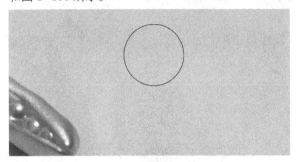

图 6-198 画出黑色圆圈

图 6-199 输入文字并排版

32 在文案下面再输入小一些的文字,然后画一个红色的圆形作为点缀。在大圆圈下面依次画两个小圆圈,调整其大小并使它们垂直居中对齐,之后降低不透明度,如图 6-200 和图 6-201 所示。

图 6-200 输入小一些的文字

图 6-201 画出小圆圈

33 用同样的方法制作分类标题,在文字左侧拖入"产品 8"素材并调整其位置和大小,如图 6-202 和图 6-203 所示。

图 6-202 输入文字

图 6-203 拖入产品图片

34 在图片的右侧和下方分别制作色块,调整排版布局,然后依次在色块里面填充产品图片,如图 6-204 和图 6-205 所示。

图 6-204 制作色块

图 6-205 填充图片

35 在图片右下角处拖入"荷花"素材，调整其大小和位置。分类产品做好之后要做尾页设计，在下面画一个圆形并使其居中对齐，如图 6-206 和图 6-207 所示。

37 在文字下面用"钢笔工具"画一个小三角形并填充黑色，用"橡皮擦工具"制作出纹理的效果进行点缀，然后在文字左侧输入次标题，制作完成后拖入纹理素材，如图 6-210 和图 6-211 所示。

图 6-206 添加"荷花"素材

图 6-210 输入次标题

图 6-207 画出圆形

36 拖入"小鸟"素材，然后进行盖印图层处理。调整其位置和大小，之后在图案里面输入竖向文字并居中放置，如图 6-208 和图 6-209 所示。

图 6-211 拖入纹理素材

38 拖入"手机"素材图片放置在画布左侧并给其添加上投影，注意调整投影的角度。在手机内部画一个长方形并拖入产品图片，然后盖印图层。最后拖入"二维码"图片并调整其大小和位置，如图 6-212 和图 6-213 所示。

图 6-208 拖入"小鸟"素材

图 6-209 输入文字

图 6-212 拖入"手机"素材

图 6-213 添加"二维码"图片

39 在二维码下面输入文案,之后在上面画白色矩形,栅格化之后删除部分边框,再在上面输入英文,如图 6-214 和图 6-215 所示。

图 6-214 输入文案

图 6-215 增加边框和英文

40 在二维码右侧输入文案,在文字上面画一个褐色的圆形边框,选择边框并进行栅格化处理,将部分边框删除掉,在缺口处输入大标题,再输入有下划线的提示内容,如图 6-216 和图 6-217 所示。

图 6-216 输入大标题

图 6-217 输入提示内容

41 用"移动工具"框选文案,按组合快捷键 Ctrl+G 编组,然后复制组并下移,调整组与组之间的间隔,再分别替换里面的文字,如图 6-218 和图 6-219 所示。

图 6-218 复制文案图层组

图 6-219 分别替换文字

42 尾页制作完成之后，浏览一下整个页面，调整一些细节，确定好之后导出图片即可。如果后期需要装修首页，Photoshop 软件提供了自动切图功能，根据之前画的参考线，导出切片即可，如图 6-220 所示。

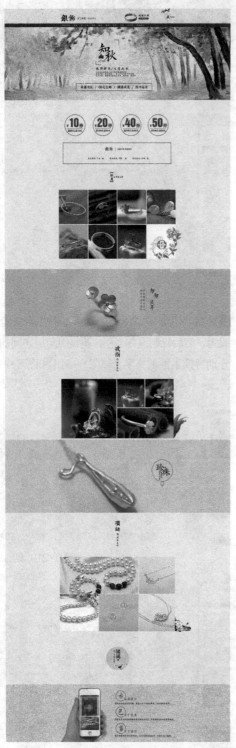

图 6-220 最终效果

6.9.2 洗护用品首页设计

洗护用品类的首页设计会包括多种品牌的产品，要应用多种色调，如何把各种色调融合在一起是设计的难点。要让客户在欣赏首页时购买自己喜欢的产品，给店铺带来更多销量。

素材路径： 素材文件 >CH06>6.9.2
实例路径： 实例文件 >CH06>6.9.2

知识点：首页配色

01 使用组合快捷键 Ctrl+N 新建画布，设置宽度为 990 像素，高度为 120 像素，填充背景颜色为白色。画布建立好之后，在左右和底部都画上参考线，如图 6-221 和图 6-222 所示。

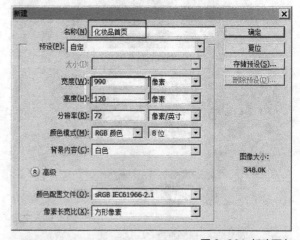

图 6-221 新建画布

图 6-222 建立参考线

02 执行"图像 > 画布大小"菜单命令，将画布的高度设置为 150 像素，原来是 120 像素，现在多出来的 30 像素是导航条的高度。在底部画出参考线，导航条的高度就固定了，如图 6-223 和图 6-224 所示。

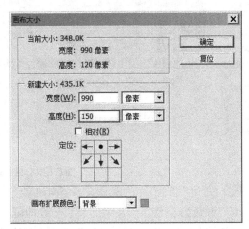

图 6-223 调整画布高度

图 6-224 建立参考线

03 继续调整画布的大小，将其宽度改为 1920 像素（全屏尺寸），高度为 6091 像素，到时候可以根据实际操作增大或者减小画布高度，选择背景颜色为白色，如图 6-225 和图 6-226 所示。

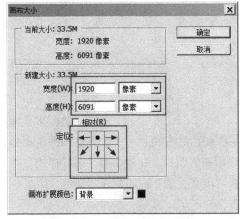

图 6-225 调整为全屏尺寸

图 6-226 参考线展示

04 参考线确立之后给店招上色，设置前景色为浅黄色，使用"矩形选框工具"从页面左侧拉至右侧底部，再利用导航条位置的参考线建立选区，使用组合快捷键 Alt+Delete 填充前景色，如图 6-227 和图 6-228 所示。

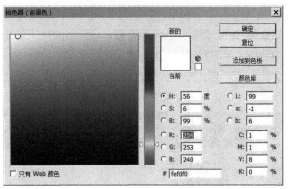

图 6-227 选择颜色

图 6-228 填充店招颜色

05 填充完店招颜色，接下来要设置导航条的颜色。选择前景色为土黄色，使用"矩形选框工具"在导航的参考线内画矩形选区，使用组合快捷键 Alt+Delete 填充前景色，如图 6-229 和图 6-230 所示。

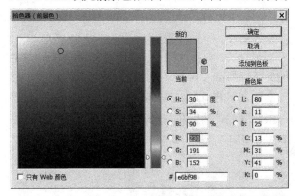

图 6-229 选择导航条的颜色

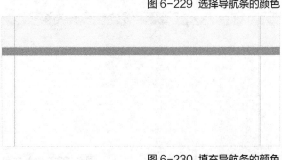

图 6-230 填充导航条的颜色

06 在店招位置输入文字"春",再新建图层输入文字"回",接下来要对"回"进行变形处理,使店铺名称不那么呆板。使用组合快捷键Ctrl+T调出自由变换工具对"回"字进行等比例缩小,使其与文字"春"的底部对齐,然后单击鼠标右键,在弹出的快捷菜单中选择"水平翻转"。因为"回"的字体比较特殊,翻转之后不会增加浏览难度,反而会呈现出别出心裁的效果,如图6-231和图6-232所示。

图6-231 输入文字

图6-232 翻转并缩小文字

07 在右侧输入其他文字,加入英文作为点缀,调整字母之间的间距。在右侧使用"直线工具"  画一条分割线,然后在右侧输入次标题,如图6-233和图6-234所示。

图6-233 输入文字

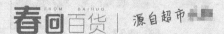

图6-234 继续输入文字

08 使用"钢笔工具" 在文案下面建立一个选区,填充颜色为咖色,与文案的颜色一致即可。在文案右侧拖入"产品1"素材,调整其大小并给其加上投影,如图6-235和图6-236所示。

图6-235 填充选区

图6-236 拖入产品图片

09 在产品右侧画一个土黄色的圆角矩形,双击矩形所在的图层,在弹出的"图层样式"对话框中选择"渐变叠加"并调整渐变颜色,如图6-237和图6-238所示。

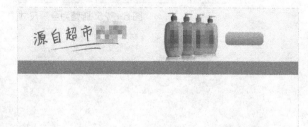

图6-237 画出圆角矩形

第6章 店铺首页设计与制作

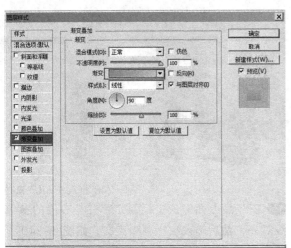

图 6-240 为圆形做渐变和投影

11 在图形上面输入文案,价格的文字为红色,显得比较突出,在产品右侧输入文字"藏",如图 6-241 和图 6-242 所示。

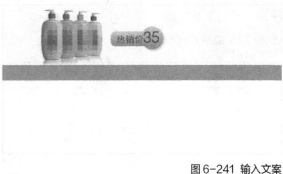

图 6-241 输入文案

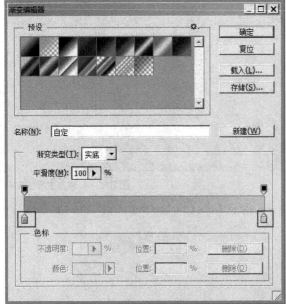

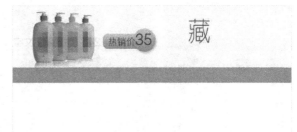

图 6-242 输入文字"藏"

图 6-238 调整图层样式

10 给圆角矩形做好渐变效果之后,在右侧画一个圆形,再用同样的方法给其加上渐变效果和投影,适当降低投影的不透明度,如图 6-239 和图 6-240 所示。

12 在"藏"字上面画一个矩形边框,单击鼠标右键,在弹出的快捷菜单中选择"栅格化图层"命令,再用"矩形选框工具"将矩形删减一部分,在文字下面输入点缀文案,如图 6-243 和图 6-244 所示。

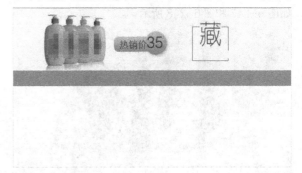

图 6-239 给圆角矩形做渐变效果

图 6-243 设置边框

171

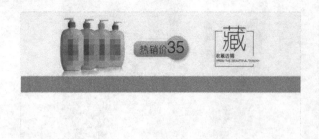

图 6-244 输入点缀文案

13 在导航条上面输入导航文字，调整文字之间的距离，首页的文字可以突出显示。店招导航制作好之后就可以制作轮播海报了。设置前景色为淡蓝色，使用"矩形工具" ，画一个矩形，高度自定，如图 6-245 和图 6-246 所示。

图 6-245 输入导航文字

图 6-246 画出蓝色矩形

14 在海报上面拖入"产品 2"素材，并为其增加投影，然后在产品左侧添加"婴儿"素材作为点缀，如图 6-247 和图 6-248 所示。

图 6-247 拖入"产品 2"素材

图 6-248 拖入"婴儿"素材

15 在产品上面输入主标题文字并与右侧的参考线对齐，然后输入次标题和英文，如图 6-249 和图 6-250 所示。

图 6-249 输入主标题文字

图 6-250 输入次标题和英文

16 选择"钢笔工具" ，在"婴儿"素材上面画一个弧形的路径并在上面输入文字，之后调整文字的颜色，如图 6-251 和图 6-252 所示。

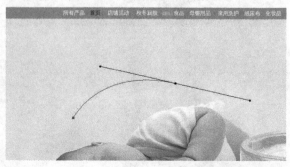

图 6-251 建立路径

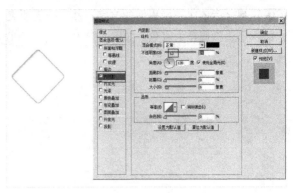

图 6-252 输入文字

图 6-255 设置图层样式

17 在文字下面新建一个图层,选择"自定义形状工具" ,选择云朵形状的图案,颜色设置为白色,在文字后面拖出一个图案。海报制作好之后,接下来制作产品分类导航。在海报下面画一个圆角矩形并放置在参考线左侧,如图 6-253 和图 6-254 所示。

图 6-253 制作图案

图 6-256 建立并填充个性选区

19 在图形上面输入文字,然后框选图形并进行复制,复制出 4 个图形,然后按键盘上的右方向键水平向右移动,保证图形之间留有一定的距离,如图 6-257 和图 6-258 所示。

图 6-254 画出圆角矩形边框

图 6-257 输入文字

18 选择圆角矩形边框,使用组合快捷键 Ctrl+T 调出自由变换工具对圆角矩形进行旋转,然后双击图层,在弹出的"图层样式"对话框中选择"内阴影",调整阴影的"角度",降低"不透明度"。使用"钢笔工具"在圆角矩形上面画一些个性选区,填充与边框一样的颜色,如图 6-255 和图 6-256 所示。

图 6-258 复制并移动图形

173

20 复制之后依次替换里面的文字，然后把需要突出的图形边框调整为红色，如图6-259和图6-260所示。

图6-259 替换文字

图6-260 突出边框颜色

21 在图形两侧画两条线以增加造型的美感，这个位置可以使用倒三角的排版方式，让客户看得更明确。在图形下面画一个矩形边框，并进行栅格化处理，使用"矩形选框工具" 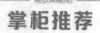删除中间的部分边框，如图6-261和图6-262所示。

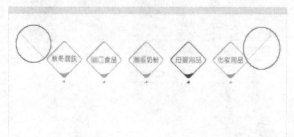

图6-261 画出斜线

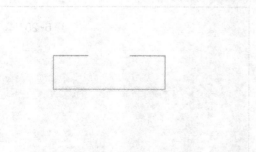

图6-262 删减矩形边框

22 在边框里面输入文字和英文，调整英文字母之间的距离，使其宽度和矩形一样，再用"直线工具" 画一个导向线，如图6-263和图6-264所示。

图6-263 输入文字

图6-264 画出导向线

23 拖入产品图片，调整其大小，放置在页面左侧并为其加上投影，在产品右侧输入主标题，文字的颜色为土黄色，调整字体的粗细，如图6-265和图6-266所示。

图6-265 拖入产品图片

图 6-266 输入并调整文字

24 在下面输入英文和次标题文字,文字之间用斜线区分开。在文案下面画一个土黄色的圆形,并在上面输入产品价格,如图 6-267 和图 6-268 所示。

图 6-267 输入英文和次标题

图 6-268 画出图形并输入价格

25 在价格右侧画一个圆角矩形,双击圆角矩形所在的图层,在弹出的"图层样式"对话框中选择"渐变叠加"。之后在图形上面输入文字,再拖入"产品3"素材放置在右侧,调整素材大小并为产品加上投影,如图 6-269 和图 6-270 所示。

图 6-269 画出圆角矩形并输入文字

图 6-270 拖入产品素材

26 在产品左侧输入主标题文字,再输入英文和次标题文字,调整字符间距,用斜线对文字进行分割,如图 6-271 和图 6-272 所示。

图 6-271 输入标题文字

图 6-272 输入英文和次标题文字

㉗ 在文字下面画一个绿色的圆形并在上面输入价格。之后再在左侧画一个圆角矩形，颜色填充为绿色，再在上面输入文字，如图6-273和图6-274所示。

图6-273 画出圆形并输入价格

图6-274 画出圆角矩形并输入文字

㉘ 拖入"产品4"素材放置在左侧并为其添加上投影，用同样的方法制作标题文字效果，颜色设置为橘红色，如图6-275和图6-276所示。

图6-275 拖入产品素材图片

图6-276 输入并设置标题文字

㉙ 选择"钢笔工具"，把颜色设置为褐色，在3个产品之间画S形曲线将3个产品串联起来。推荐产品制作完成之后，接着做产品分类图片，先用"矩形工具"在下面画一个暗粉色的全屏矩形，高度要稍微低一些，如图6-277和图6-278所示。

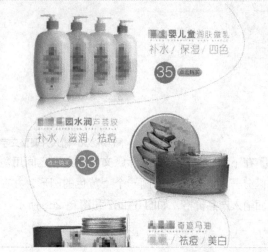

图6-277 画S形曲线

图6-278 画出暗粉色矩形

㉚ 在图形上面拖入"婴儿2"素材并调整其位置，可以细微调整图片。在素材图层下面新建一个图层，使用"画笔工具"画一个白色圆形，降低不透明度，使素材与背景更加融合，然后在素材右侧输入主标题文字，如图6-279和图6-280所示。

图6-279 拖入"婴儿2"素材

图 6-280 输入文字

31 使用"直线工具" 画一条白色的细线,再进行倾斜处理,可适当降低其不透明度。再画一个圆形的边框,在里面输入产品文案,如图 6-281 和图 6-282 所示。

图 6-281 画出斜线和圆形边框

图 6-282 输入文字

32 在文字右侧拖入"产品 5"素材,调整其位置和大小并为其加上投影。海报做好之后要做分类产品,先使用"矩形工具" 在海报下面画一个浅粉色的矩形,然后锁定图层,如图 6-283 和图 6-284 所示。

图 6-283 拖入产品素材

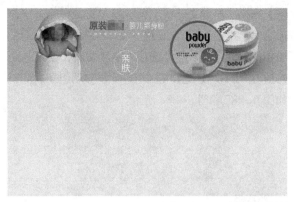

图 6-284 画出浅粉色矩形

33 在页面左侧拖入"产品 6"素材,并为其加上投影。使用"矩形工具" 在产品外侧画一个紫色的边框,然后在下面输入产品文案,文字颜色可以鲜艳一些,如图 6-285 和图 6-286 所示。

图 6-285 拖入产品素材

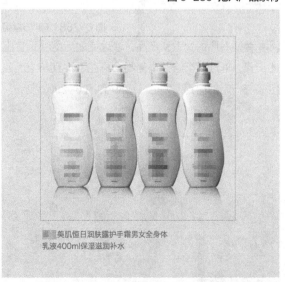

图 6-286 画出紫色边框并输入文案

34 选择"自定义形状工具" 在文案右侧画出花形图案,并在上面输入价格。推荐产品制作好之后,使用"移动工具" 框选住产品和文案,使用组合快捷键 Ctrl+G 编组,复制组并水平移动组到右侧,如图 6-287 和图 6-288 所示。

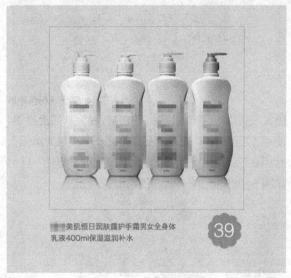

图 6-287 画出花形图案

图 6-288 复制图层组

35 替换右侧的文案和产品,修改完之后继续重复上述步骤,框选两个组并进复制,再往下移且与上面的组保持一定的间距,如图 6-289 和图 6-290 所示。

图 6-289 替换产品图片和文案

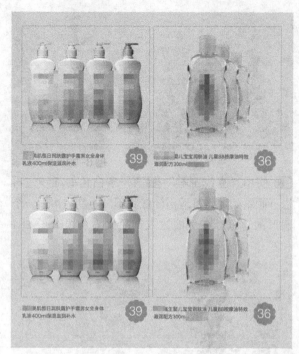

图 6-290 复制并下移图层组

36 依次替换下面图层组的产品图片和文案,制作好之后做下一个分类产品。选择"矩形工具" 在下面画一个全屏的青色图形,高度适中即可,如图 6-291 和图 6-292 所示。

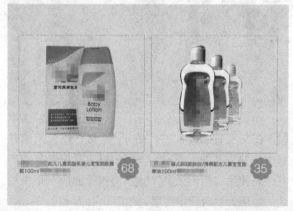

图 6-291 替换产品图片和文案

图 6-292 画出全屏青色图形

37 在图片左侧输入产品文案,调整文字的大小和不透明度,如图 6-293 和图 6-294 所示。

图 6-293 输入文案

图 6-294 输入次标题并调整不透明度

38 选择"椭圆工具" ⬭ 在文案下面画 3 个不同颜色的圆形,之后分别在上面输入文案以突出产品卖点,如图 6-295 和图 6-296 所示。

图 6-295 画出 3 个圆形

图 6-296 输入文案

39 拖入"面膜"素材并调整其大小,为其添加投影,再拖入"产品 10"素材。有时候为了增加创意可以突破海报限制,让产品超出海报的高度,如图 6-297 和图 6-298 所示。

图 6-297 拖入"面膜"素材

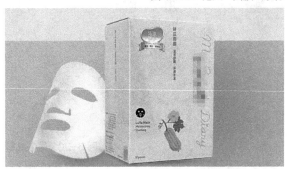

图 6-298 拖入"产品 10"素材

40 在产品图片后面拖入"丝瓜"素材,与产品形成遮挡关系,增大图片间的纵深感,突出主推产品。海报制作好之后,接着做下面的产品展示。选择"矩形工具" ▭,颜色设置为浅青色,在海报下面画一个全屏的背景,单击锁定图层,拖入"产品 11"素材,调整其大小和位置,如图 6-299 和图 6-300 所示。

图 6-299 拖入"丝瓜"素材

图 6-300 拖入"产品 11"素材

41 在产品外侧画一个深色的矩形边框，在边框下面输入文案。选择"直线工具"，颜色设置为暗青色，在文案下面按住 Shift 键画一条直线，宽度和文案的宽一样，然后输入产品价格，如图 6-301 和图 6-302 所示。

图 6-301 输入文案

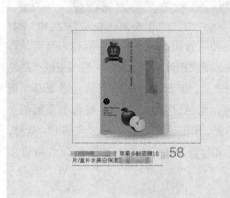

图 6-302 画出直线并输入价格

42 在文案下面画一个圆形的青色图案，在上面输入文字，再画一条斜线与价格进行区分。制作完成之后，用"移动工具"框选产品和文字，使用组合快捷键 Ctrl+T 调出自由变换工具并选择产品，按住 Alt 键进行复制，再按住 Shift 键水平移动，注意使图片之间留有一定的距离，如图 6-303 和图 6-304 所示。

图 6-303 画出图案和斜线

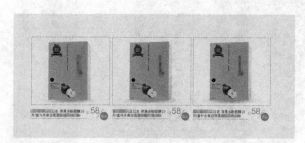

图 6-304 复制并移动图层

43 依次替换产品和文字，制作完成之后使用"移动工具"框选 3 个产品复制并下移，与上面 3 个图层组保持一定的间距，如图 6-305 和图 6-306 所示。

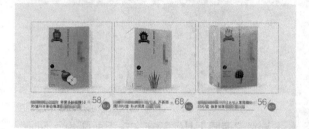

图 6-305 替换产品和文字

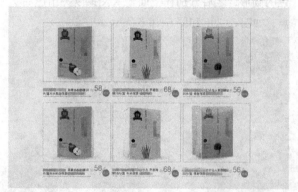

图 6-306 复制并下移图层组

44 依次替换产品和文字，分类产品制作好之后就可以设计尾页了。选择"矩形工具"，颜色为米黄色，在底部画一个全屏的矩形，高度自定，如图 6-307 和图 6-308 所示。

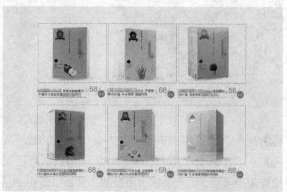

图 6-307 替换产品和文字

图 6-308 画出黄色矩形

45 在图片上面画一个橘色的圆形，放置在左侧，再在上面用"画笔工具"和"椭圆工具"制作一个白色的图形，如图 6-309 和图 6-310 所示。

图 6-309 画出橘色圆形

图 6-310 画出白色图形

46 在图形下面新建图层，用"钢笔工具"建立选区。选择"画笔工具"，颜色选择暗橘色，轻轻画出投影。之后在下面输入文案，在图形右侧画两条竖线，一条是浅色，一条是深色，使它们紧挨着就会形成凹凸感，如图 6-311 和图 6-312 所示。

图 6-311 为图形制作投影并输入文案

图 6-312 制作分割线

47 在图形右侧画一个暗红色的圆形，选择"多边形工具"画一个五角星的图案，边框颜色为白色，用"钢笔工具"建立选区并制作投影，然后输入文案，如图 6-313 和图 6-314 所示。

图 6-313 画出红色圆形

图 6-314 制作图形并输入文案

48 用上面的方法依次做出剩下的两个图形，这样首页就设计好了。手机店铺的二维码可以在后期加上，方法跟第一个首页一样。检查首页排版的细节，调整完成之后直接导出图片或者切图即可，如图 6-315 和图 6-316 所示。

图 6-315 制作出其他图形

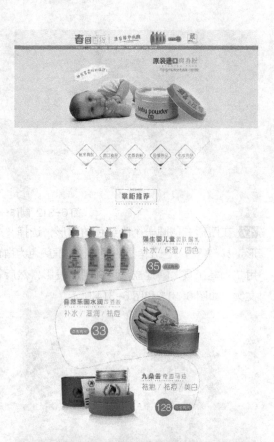

6.10 优秀案例展示

在设计首页之前，一定要多看同行的店铺页面，分析他们的优势（包括排版、色调和文案等），然后再结合自己的产品做一下首页草稿，这样做出的首页不会太差。不同的产品采用不同的风格，首页风格和产品完美统一就是好作品。下面展示的是一些优秀设计案例。

服装类首页

这个店铺首页上的衣服清新、简约，造型唯美。在设计首页的时候给背景加上一些纹理，再加上一些小的点缀以丰富版面，文字可以用稍微纤细一些的字体，会显得精致又大方，如图6-317所示。

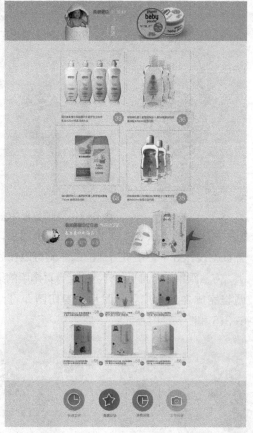

图 6-316 最终效果

图 6-317 服装类首页

家居用品首页

这个首页选用的是深色背景,与产品形成了鲜明对比,海报背景上面添加了一些科技元素,体现出了产品的高端品质。唯美的月亮元素让人联想到唯美的夜晚,躺在床垫上仰望星空,大大地增加了顾客购买产品的欲望,如图6-318所示。

中国风鞋子首页

中国风的页面设计需要做到清新、简单,可以放一些中国风素材作为点缀。文字建议使用一些复古字体,以使首页效果更加突出,如图6-319所示。

图6-318 家居用品首页

图6-319 中国风鞋子首页

6.11 本章疑难问题解答

问题1：轮播海报做几张合适？

答：轮播海报一般做3~4张，产品图片风格要尽量与首页一致。轮播的图片需要每一个都带链接，要用专门的软件来制作。先将轮播海报上传到淘宝图片空间，后期制作完成再导出代码到淘宝后台，具体流程会在第8章具体讲解。

问题2：首页设计装修应注意哪些问题呢？

答：首先我们要明确首页的作用是什么？一是让客户记住店铺，包括店铺名称、风格、商品价位和商品类目等基本信息；二是让客户按照我们提供的路线，在首页上有目的性地单击，进而提高转化率。换位思考，如果我们是顾客，因一个商品而进入一家店铺，首先不是看这个商品，在不跳失的情况下，我们在看完这个商品后，会单击同类商品推荐广告图。如果不喜欢店主推荐的同类商品，会通过店铺分类查找同类商品，或者会单击其他感兴趣的广告图。

店铺设计需要注意以下几点。

第一点：店铺名要清晰，太花哨会显得不稳重，让客户一眼能看明白而且还印象深刻。

第二点：主营类目明确地呈现给客户，别让客户猜，客户没有那么多时间停留在一个店铺上面。

第三点：首页风格要稳定，不能经常更换首页，首页相当于公司的门户网站，经常变更会让客户感觉没有安全感，会以为收藏的店铺没有了，进而对产品产生不信任感。

第四点：顾客一般会以"F"形的浏览习惯为主，在设计的时候要将版面的这块区域做好。首页不要太长，有的店家担心客户在首页看不到自己的产品就想把所有的产品都放在首页上面，这样会造成首页排版呆板，图片太多也影响打开网页的速度，客户没有耐心等待就直接跳转去其他店铺了。

问题3：首页是由哪些模块组成的？

答：在装修之前，要看你做的店铺是属于哪个版本的，如果是基础版，可修改的内容与权限不大，店铺设计很受限制；专业版则能提供较大的自由装修空间。在进行筹备工作时，可以将首页划分为店招、海报和产品页尾。整个首页又可分为主体部分和背景，主体部分的宽度根据店铺版本的不同而有所差异。接下来是全屏店招制作、全屏海报制作、产品分类页和尾页的制作，这样就基本可以完成一个自定义的首页了。

第 7 章
手机端店铺设计与装修

手机端界面　　手机端店铺界面设计　　装修手机端店铺界面　　手机端店铺详情页

7.1 手机端界面

淘宝成立之初,大部分客户都是电脑端客户,客户必须在电脑前下单,对客户要求过高,在一定程度上限制了客户的下单量。现在随着智能手机的普及,越来越多的客户选择手机支付,大大提高了成交量。由于移动端有着天然的优势,其流量已经远远超过了电脑端,未来将会以移动端界面为主流,移动端的界面设计成为很多商家的必选。

由于手机屏幕较小,不可能像电脑端那样随意排版。有的商家为了节约时间,直接把电脑端的首页或者详情页转换成手机端的,造成客户在手机端看不清文字或者打开页面时间过长。下面为大家讲解一下手机端和电脑端界面的区别。

7.1.1 手机端和电脑端界面的区别

1. 尺寸的区别

电脑端:首页模块宽度为990像素或者950像素,也可以做全屏尺寸1920像素宽,详情页宽度为790像素或者750像素。

手机端:首页模块宽度为608像素,详情页宽度在480~620像素。

2. 配色布局的区别

电脑端:首页配色灵活多变,布局上可以进行很多创意,也可以加一些点缀使页面效果更突出。

手机端:受尺寸的限制,界面建议别太花哨,界面需清晰、简单,让客户能够清楚地看到文案和产品即可。

3. 高度的区别

电脑端:首页高度没有限制,可以放很多分类图片,页面色调统一即可。

手机端:页面太长会影响手机打开图片的速度,建议图片精选一些,只把精华的部分展示给客户即可。

7.1.2 手机端店铺的装修要点

手机端的店铺界面比较小,展示的内容有限,排版和配色都会受到影响。如何在有限的空间里面展示让客户满意的产品是设计师必须考虑的问题。视觉效果是手机店铺装修的重点,如果图片不够吸引人,那客户根本不会耐心地继续浏览下去。

首页展示

手机端的首页展示没有电脑端的那么随意,如果手机端用双列展示会使首页显得呆板,客户继续浏览的欲望会大大降低。好在手机端店铺上面有自定义模块,设计师可以自己设计一些样式放进去,也可以添加轮播或者左文右图模块以丰富首页排版形式。

设计首页时,需要注意以下几点。

①店招:位于手机店铺的最顶端,客户进来就能看见,需要花心思设计一下。界面的色彩鲜明一些比较好,背景尽量跟产品统一风格,文案也要突出。

②海报:店招下面就是海报的展示,由于手机屏幕小,客户看不到太多细节,所以海报背景颜色需要尽量统一,文案少一些,字号大一些,让客户看得清文字为宜。

③模块:在模块选择上保持"紧松紧"排版的模式,让客户在浏览的时候眼睛不至于疲劳,可以舒适地浏览产品。

详情页展示

手机端的详情页可以增加店铺的权重,提高店铺的流量。如果直接将电脑端的详情页在手机端展示,会出现模块错乱、图片不整齐等现象,影响客户浏览页面。专门制作的手机端详情页,文字清晰,模块分明,客户可以很轻松地看到产品卖点。

设计详情页时,需要注意以下几点。

①色彩:页面的色彩尽量统一,整体页面与文案的色彩对比要强烈一些,方便看清文字和突出产品。

②高度:限于手机屏幕的高度,为了方便浏览,进行切图的时候,建议小于960像素,否则手机端无法发布。详情页的整体高度也得比电脑端详情页的低很多,删除多余的内容,保留产品精华部分。

③文字:手机端展示文字一定要比电脑端的大一些,文字精简一些,字体不要太花哨。

7.2 手机端店铺界面设计

手机端店铺首页跟电脑端的风格及排版都不一样,下面会详细讲解手机端店铺的各个模块的设计。

7.2.1 手机端店铺首页后台

要装修手机端首页先要了解手机端后台的构成，根据上面的模块做出对应尺寸的图片，上传之后才会出效果。下面为大家讲解一下手机端首页的组成部分。

知识点：熟悉后台模块

01 进入淘宝后台选择"手机店铺"，单击"店铺首页"进入，如图7-1和图7-2所示。

图7-1 单击"手机店铺"

图7-2 选择"店铺首页"

02 进入淘宝后台之后会显示宝贝类、图文类、营销互动类和智能类这4个模块，下面主要使用前两个模块，如图7-3和图7-4所示。

图7-3 店铺模块

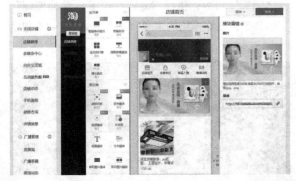

图7-4 海报图片

03 单击"智能单列宝贝"选项，右侧会弹出产品参数，可以根据需要进行选择。第2个模块是图文类，里面有很多种排版模式，能使手机店铺效果更加多样。单击轮播图模块右侧，可以添加多组产品和链接，如图7-5和图7-6所示。

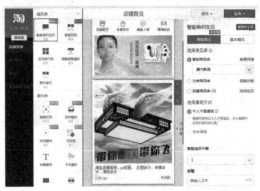

图7-5 "智能单列宝贝"选项

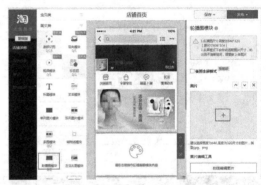

图7-6 添加轮播图

04 自定义模块比较随意，可以根据自己的设计自己制作模块，这个模块灵活多变，可以经常使用。剩下的模块不是太重要，简单了解一下就可以了，如图7-7所示。

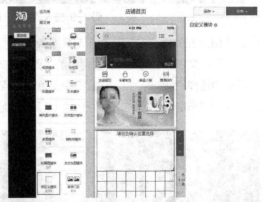

图7-7 自定义模块

> **提示**
>
> 自定义模块的高度设置比较方便，在区域内拖动之后双击就可以建立模块，也可以一排放2个产品图片。

7.2.2 手机端店铺店招设计

手机端店铺的店招跟淘宝首页的店招同样重要，它位于手机端店铺的顶部，要能做到让客户过目不忘。下面为大家介绍一下制作店招的方法。

素材路径： 素材文件 >CH07>7.2.2
实例路径： 实例文件 >CH07>7.2.2

知识点：制作店招图片

01 打开 Photoshop 软件，新建画布，设置宽度为 750 像素，高度为 254 像素，然后拖入"背景"素材，调整其大小和位置，如图 7-8 和图 7-9 所示。

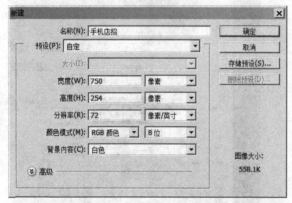

图 7-8 新建画布

图 7-9 拖入"背景"素材

02 在图片左侧输入文字，接下来需要给文字添加效果。双击文字所在的图层，在弹出的"图层样式"对话框中选择"渐变叠加"，设置渐变颜色为灰蓝色，然后单击"确定"按钮，如图 7-10 和图 7-11 所示。

图 7-10 输入文字

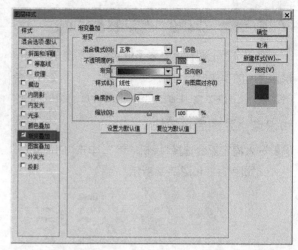

图 7-11 设置图层样式

03 文字做好之后，在下面添加投影，锁定背景图层，使用"移动工具"框选文字和投影，使用组合快捷键 Ctrl+G 编组，然后使用组合快捷键 Ctrl+J 复制组，将组移动到后面并替换文字，如图 7-12 和图 7-13 所示。

图 7-12 文字渐变效果

图 7-13 复制图层组并替换文字

04 使用"直线工具"在月亮上面画一条倾斜的白色线条，在文字之间起到过渡作用，然后输入文案。接下来需要给文字添加一些效果，先复制文字图层，然后单击鼠标右键，在弹出的快捷菜单中选择"栅格化图层"命令，执行"滤镜 > 模糊 > 动感模糊"菜单命令，调整模糊的角度和大小，如图 7-14 和图 7-15 所示。

图 7-14 画出斜线并输入文案

07 调整了文字渐变效果之后，可以适当地调整一下它们的前后距离，以形成有遮挡关系的空间感。检查无误后导出 JPEG 格式即可，如图 7-20 所示。

图 7-20 制作完成

7.2.3 手机端海报设计

手机端的店铺海报跟电脑端的轮播海报差不多，但是又有一些区别。电脑端海报尺寸比较大，可以展示很多细节。手机端海报尺寸有限，不建议放太多文字和素材，抓住一个主要卖点进行设计，画面效果要对比强烈，让客户在手机端能清楚地看到卖点。下面为大家介绍一下手机端海报的制作步骤。

素材路径： 素材文件 >CH07>7.2.3
实例路径： 实例文件 >CH07>7.2.3

知识点：制作手机端海报

01 打开 Photoshop 软件，新建画布，设置宽度为 640 像素，高度为 320 像素，然后拖入"背景"素材，调整素材的大小和位置，如图 7-21 和图 7-22 所示。

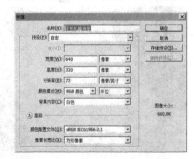

图 7-21 新建画布

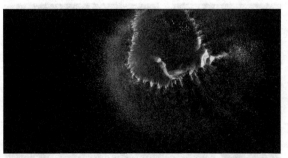

图 7-22 拖入"背景"素材

图 7-15 给文字添加效果

05 降低文字图层的不透明度并拖动到原文案图层的下面，然后选定"科技"两个文字组，复制文字组并水平移动到右侧，如图 7-16 和图 7-17 所示。

图 7-16 移动图层

图 7-17 复制并移动文字组

06 依次替换组里面的文案，但是文字的渐变效果还是跟之前的一样。图片中间是光源，应该从中间向两侧释放光芒，所以后两组文案需要修改一下光源角度。双击文字所在的图层，在弹出的"图层样式"对话框中选择"渐变叠加"，再选择"反向"，其他参数则保持默认，如图 7-18 和图 7-19 所示。

图 7-18 替换文案

图 7-19 设置图层样式

02 拖入"热水器"素材，调整其大小和位置，然后再拖入"水"素材放置在热水器下面，设置图层混合模式为"滤色"，如图7-23和图7-24所示。

图7-23 拖入产品图片

图7-24 添加素材，调整图层混合模式

03 拖入"水泡"素材，调整其大小后放置在热水器右侧，适当降低其不透明度，然后复制一份并调整其大小和角度，置于产品下面。同理，可以多制作几个水泡素材，选择不同的不透明度，使其前后具有空间感，如图7-25和图7-26所示。

图7-25 添加素材

图7-26 复制并调整素材

04 在热水器图片左侧输入产品文案，双击文字所在的图层，在弹出的"图层样式"对话框中选择"渐变叠加"，设置渐变颜色为蓝色，之后单击"确定"按钮，如图7-27和图7-28所示。

图7-27 输入文案

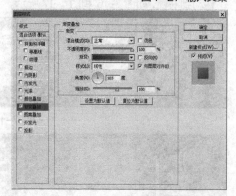

图7-28 设置图层样式

05 在文案下面画一个蓝色的圆角矩形，在上面输入次标题，然后再在下面输入产品价格，颜色对比要强烈，如图7-29和图7-30所示。

图7-29 画出圆角矩形

图7-30 输入文字

06 在价格下面画深蓝色的斜线作为点缀，再画一个蓝色的圆圈。双击圆圈所在的图层，在弹出的"图层样式"对话框中选择"外发光"，调整颜色和"不透明度"等参数，如图7-31和图7-32所示。

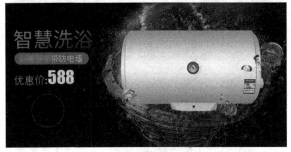

图 7-31 画出斜线和蓝色圆圈

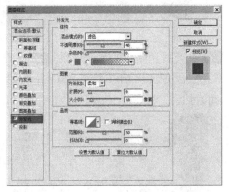

图 7-32 设置图层样式

07 调整圆圈的位置，在里面输入文字，调整整体的布局和颜色，确定无误后，导出图片就可以了，如图7-33和图7-34所示。

图 7-33 调整圆圈

图 7-34 输入文字后调整完成

7.2.4 手机端店铺主推产品设计

主推产品位于轮播海报下面，跟主图的效果差不多，但是尺寸比较小。由于手机的尺寸限制，一排放两张图片为宜，尺寸为304像素的正方形。下面为大家介绍一下制作步骤。

素材路径：素材文件＞CH07＞7.2.4
实例路径：实例文件＞CH07＞7.2.4

知识点：制作主推产品

01 打开Photoshop软件，新建画布，设置宽度为304像素，高度为304像素，然后拖入"背景"素材，调整其大小和位置。如图7-35和图7-36所示。

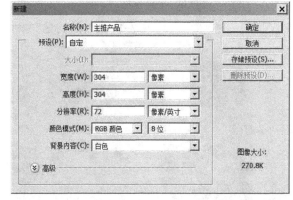

图 7-35 新建画布

图 7-36 拖入并调整"背景"素材

02 拖入"热水器"素材,调整其大小和位置,然后在图片左上角画一个蓝色的圆形,如图7-37和图7-38所示。

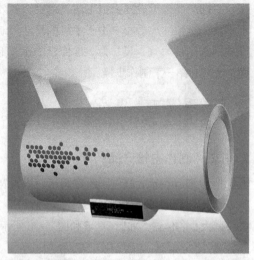

图 7-37 拖入"热水器"素材

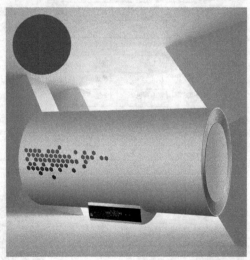

图 7-38 画出蓝色圆形

03 双击圆形所在的图层,在弹出的"图层样式"对话框中选择"内阴影",调整角度、距离和大小后单击"确定"按钮,然后在图案上面输入文字,如图 7-39 和图 7-40 所示。

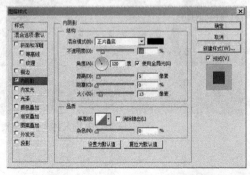

图 7-39 设置图层样式

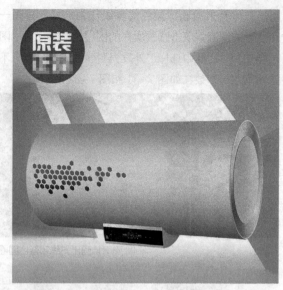

图 7-40 输入文字

04 在产品下面使用"画笔工具"画一个黑色的圆,使用组合快捷键 Ctrl+T 将圆压扁,并调整其角度和不透明度,然后在右侧输入产品标题,如图7-41和图7-42所示。

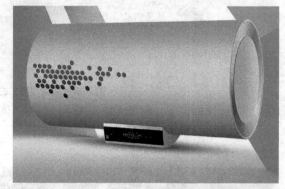

图 7-41 画出并调整圆形

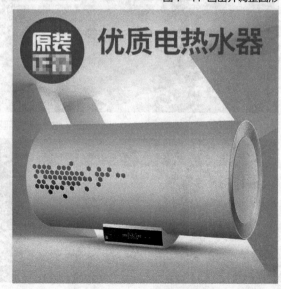

图 7-42 输入产品标题

05 在标题文字下面画一个蓝色的圆角矩形，双击圆角矩形所在的图层，在弹出的"图层样式"对话框中选择"渐变叠加"，设置为蓝色的渐变后单击"确定"按钮，如图 7-43 和图 7-44 所示。

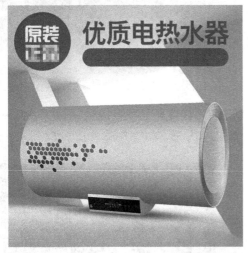

图 7-43 画出圆角矩形

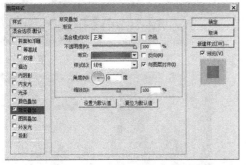

图 7-44 设置图层样式

06 在圆角矩形上面输入文案，然后使用"矩形工具"在图片上面画一个白色的边框并调整边框的大小，如图 7-45 和图 7-46 所示。

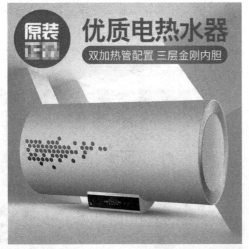

图 7-45 输入文案

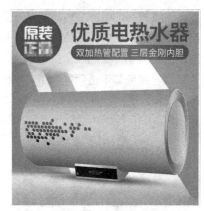

图 7-46 添加边框

提示

两张图片并排放置的时候，如果是浅色的背景，建议在图片四周画一个边框以区分不同图片。

7.2.5 手机端店铺的优惠券设计

手机端店铺的优惠券也会经常被用到，优惠券的页面可以大胆设计，颜色对比强烈一些，要能够让客户清晰地看到产品的优惠信息。下面为大家介绍一下优惠券的设计步骤。

知识点：优惠券设计

01 打开 Photoshop 软件，新建画布，设置宽度为 248 像素，高度为 146 像素，设置前景色为天蓝色，使用组合快捷键 Alt+Delete 填充前景色，如图 7-47 和图 7-48 所示。

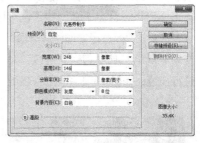

图 7-47 新建画布

图 7-48 填充颜色

02 新建图层，使用"钢笔工具"在画面上建立选区。设置颜色为深蓝色，选择"画笔工具"并调整画笔大小，在选区上进行单击，制作出渐变的效果后再降低其不透明度。用同样的方法制作出白色的反光效果，如图 7-49 和图 7-50 所示。

图 7-52 建立选区并描边

04 将选区填充为黄色，然后在图案右侧画一个黄色的圆角矩形，如图 7-53 和图 7-54 所示。

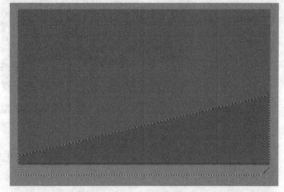

图 7-49 制作渐变效果

图 7-50 制作反光效果

03 新建图层，设置前景色为白色，使用"画笔工具"在画面上单击，然后降低其不透明度，使页面形成光芒的效果。背景做好之后开始设计优惠券，优惠券可以设计得个性一些，也可以根据产品特性或者产品 Logo 进行变形处理。参考马头形状素材，使用"钢笔工具"建立选区，对马头形状的外形进行描边，如图 7-51 和图 7-52 所示。

图 7-53 填充颜色

图 7-54 画出圆角矩形

05 在圆角矩形里面输入文字，双击文字所在的图层，在弹出的"图层样式"对话框中选择"渐变叠加"，设置渐变颜色为橙色，之后单击"确定"按钮，如图 7-55 和图 7-56 所示。

图 7-51 制作光芒效果

图 7-55 输入文字

图 7-59 输入文字

图 7-60 画出圆形图案

图 7-56 设置图层样式

06 在文字下面画一个白色的圆角矩形,双击图形所在的图层,在弹出的"图层样式"对话框中选择"内阴影",调整阴影的不透明度,然后单击"确定"按钮,如图 7-57 和图 7-58 所示。

08 在蓝色的圆形图案上面画一个白色的指针图案,然后在图案下面新建图层,使用"画笔工具" 画上投影,这样优惠券的第 1 张图片就制作完成了。先对纹理背景图层都进行锁定,然后使用"矩形选框工具" 框选图案和文字,使用组合快捷键 Ctrl+G 编组,可以先隐藏组,然后再新建组准备做第 2 张优惠券。选择"自定义形状工具" ,选中合适的图案,设置前景色为黄色,在画布里面画一个图案。使用组合快捷键 Ctrl+T 调出自由变换工具把图案旋转 90°,使图案平放,如图 7-61 和图 7-62 所示。

图 7-61 添加指针

图 7-57 画出白色矩形

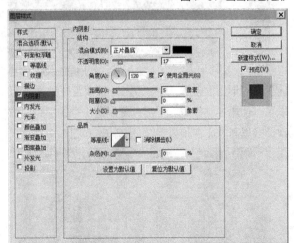

图 7-58 设置图层样式

07 在圆角矩形上面输入文字,然后在右侧画一个蓝色的圆形,调整其大小后放置在圆角矩形里面,如图 7-59 和图 7-60 所示。

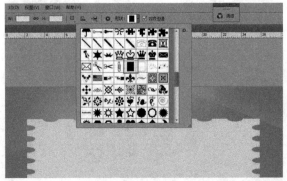

图 7-62 画出并调整图案

09 双击图案所在的图层，在弹出的"图层样式"对话框中选择"投影"，调整投影的不透明度、大小和角度，然后再在图案上面输入红色数字，如图7-63和图7-64所示。

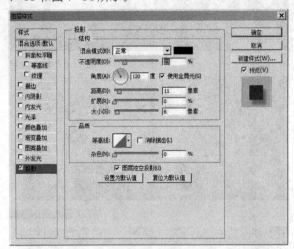

图 7-63 设置图层样式

图 7-64 输入数字

10 双击数字所在的图层，在弹出的"图层样式"对话框中勾选"内阴影"和"渐变叠加"复选框，调整不透明度和渐变颜色以丰富数字的效果，如图7-65和图7-66所示。

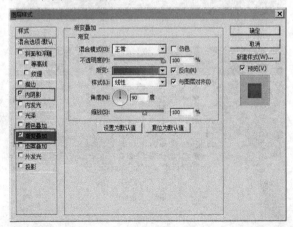

图 7-65 设置图层样式

图 7-66 完成后的效果

11 在图案上面输入文字，然后使用"矩形工具"，在文字下面画一个红色的矩形，在它们中间再画一个红色的虚线作为点缀，如图7-67和图7-68所示。

图 7-67 输入文字

图 7-68 画出矩形图案和虚线

12 在矩形上面输入文字，调整一下文字的位置就可以了。优惠券制作成功之后，复制这一个图层组，依次替换里面的文字和数字，如图7-69和图7-70所示。

图 7-69 输入文字

图 7-70 替换文字和数字

⑬ 用上面的方法复制组，然后替换文案，这样 4 张优惠券就制作成功了，分别导出图片即可，如图 7-71 所示。

图 7-71 替换文字

7.3 装修手机端店铺页面

手机端图片都按照尺寸要求制作好之后，就开始装修手机端的首页了。接下来给大家讲解一下各个模块的装修步骤和方法。

知识点：装修手机端店铺页面

01 装修首页之前，要先把图片放进"图片空间"，在装修时方便找到对应的图片。进入淘宝后台，选择"图片空间"，然后新建文件夹，将文件夹重命名为"手机端首页"，如图 7-72 和图 7-73 所示。

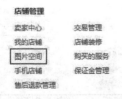

图 7-72 选择"图片空间"

图 7-73 重命名文件夹

02 对应的文件夹建立好之后，就可以上传产品图片了。单击"上传图片"按钮后会弹出一个界面，上面显示"添加水印"和"图片宽度调整"，一般不建议添加，直接选择"点击上传"就可以了，如图 7-74 和图 7-75 所示。

图 7-74 选择"上传图片"

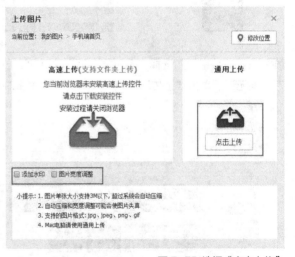

图 7-75 选择"点击上传"

提示

　　添加水印是为了防止被盗图，但加上之后会使图片显得不美观。一般情况是不加水印的，如果为了保护产品的版权也可以加上。制作图片之前就会按照规定的尺寸新建画布，所以可以不用勾选"图片宽度调整"。

03 选择要上传的图片，等待图片都上传成功后，会在文件夹里面都呈现出来，如图7-76和图7-77所示。

图7-76 上传图片　　　　　　　　　　　　　　　　　　图7-77 上传完成

04 将手机端的首页图片都上传到"图片空间"之后，就开始装修首页了。进入淘宝后台，选择"店铺装修"，进入模块之后，在店招位置选择"自定义上传"，如图7-78和图7-79所示。

图7-78 进入手机端首页后台　　　　图7-79 选择"自定义上传"

05 在"图片空间"选择"手机端首页"文件夹，找到店招的图片并单击"确定"按钮，预览店招图片，确定准确无误后单击"上传"按钮，如图7-80和图7-81所示。

图7-80 选择图片　　　　　　　　　　　　　　　图7-81 确定上传

> **提示**
> 　　如果在文件夹里面找不到自己想要的图片，有可能会在下一页，如果还找不到那就换一种排列方式，如按图片修改时间的升序或者降序排列等。

06 店招制作成功之后,接下来就开始制作轮播图片。选择"轮播图模块",然后在右侧添加图片,在"图片空间"里面找到对应的产品图片进行添加,如图 7-82 和图 7-83 所示。

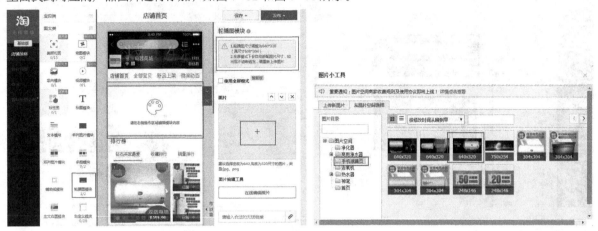

图 7-82 选择"轮播图模块"　　　　　　　　　　　　　　图 7-83 选择图片

07 检查产品尺寸,准确无误后单击"上传"按钮,图片下面是添加链接的地方,单击添加链接的图标即可,如图 7-84 和图 7-85 所示。

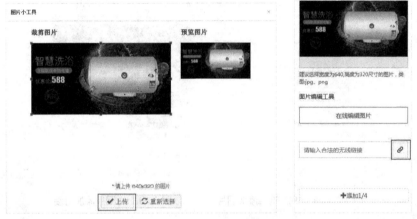

图 7-84 确认上传图片　　图 7-85 添加产品链接

08 在弹出的宝贝链接页面找到对应的产品,如果第一页没有找到,那就多选几页,也可以复制产品的标题文字来搜索产品图片。单击"选择链接",上传成功之后再单击下面的"添加 1/4"按钮。这样增加一个海报,再添加上对应的产品链接就可以了,如图 7-86 和图 7-87 所示。

09 图片上传完之后再添加对应的链接,用同样的方法制作第 3 张海报,如图 7-88 和图 7-89 所示。

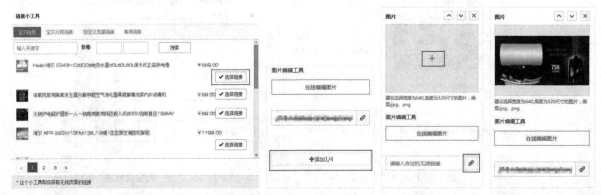

图 7-86 选择对应的产品图片　　图 7-87 添加轮播海报　　图 7-88 添加海报图片　　图 7-89 添加链接

⑩ 接下来制作优惠券，选择"多图模块"并将其拖动到页面里面。单击右侧的添加按钮，在"图片空间"里面找到对应的图片进行添加，如图7-90和图7-91所示。

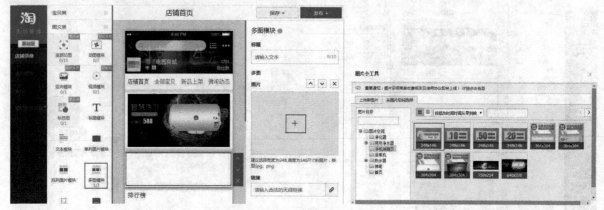

图7-90 添加"多图模块"　　　　　　　　　　　　图7-91 查找图片并添加

⑪ 第一个优惠券制作成功之后，在下面单击添加按钮，在"图片空间"找到对应的图片之后进行添加，然后复制优惠券的链接粘贴到下面，如图7-92和图7-92所示。

图7-92 选择添加图片　　　图7-93 为图片添加链接

⑫ 用同样的方法制作剩余的优惠券，制作成功之后就要做产品推荐的内容了。这里需要用到"自定义模块"，用鼠标左键框选一个正方形区域，双击确定，如图7-94和图7-95所示。

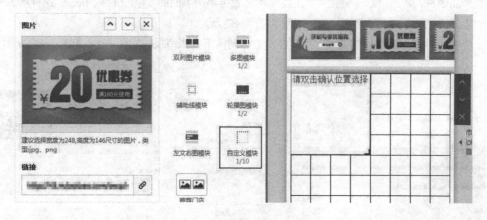

图7-94 选择"自定义模块"　　　　图7-95 选定"自定义模块"区域

⑬ 单击"+"即可添加图片,在"图片空间"找到对应的图片后进行添加,如图7-96和图7-97所示。

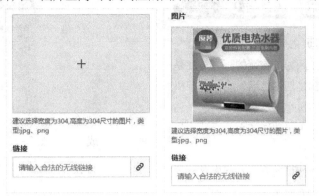

图7-96 选择添加图片　　　　图7-97 添加成功

⑭ 单击"选择链接"按钮并找到对应的产品链接,之后单击"确定"按钮。用同样的方法制作剩余的推荐模块,如图7-98和图7-99所示。

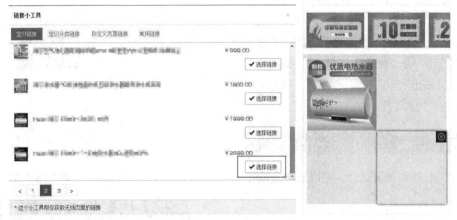

图7-98 选择并添加链接　　　　图7-99 添加模块

⑮ 用同样的方法依次添加产品图片和对应的链接。上传完成后可以再添加一些其他模块,如宝贝排行榜、智能双列和搭配套餐等,以丰富手机端的页面效果。图片都上传成功之后,整体预览一下页面,确定准确无误后就可以保存并发布手机端页面了,如图7-100和图7-101所示。

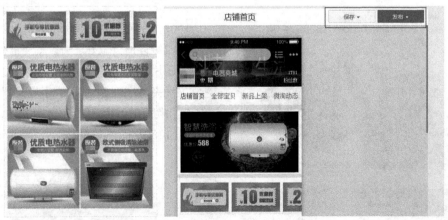

图7-100 添加剩余产品图片和链接　　　　图7-101 保存并发布页面

7.4 手机端店铺详情页

在发布完电脑端详情页之后，再用手机浏览一下详情页也是很有必要的。因为电脑端的页面宽度是750像素或者790像素，都是切图之后发布的，手机浏览会出现排版错乱和文字过小看不清晰等情况。随着手机端客户的数量增加，手机端详情页的设计也是一个不容忽视的问题。

最常见的处理手机端详情页的方法是把电脑端的直接生成手机端的，这样做方便快捷，适合把店铺大部分产品生成手机端界面。但是也有一定的缺陷，电脑端的详情页比较长，字号不太大，直接转成手机端的会使客户浏览起来比较吃力。手机端有高度和大小的限制，有时候电脑端详情页不能直接转化成手机端的，需要重新设计一下。如果每一个产品都重新设计手机端详情页的话，会太费时间，可以找店铺的爆款和销量高的产品来做一版手机端详情页。下面为大家讲解一下两种方式的具体操作方法。

7.4.1 导入电脑端店铺详情页

在上传完电脑端详情页之后，可以直接生成手机端的。

知识点：一键生成手机端详情页

01 将电脑端产品图片都添加成功后，单击详情页左下角的"生成手机版宝贝详情"按钮，在弹出的对话框中单击"确认生成"按钮，如图7-102和图7-103所示。

图7-102 选择"生成手机版宝贝详情"

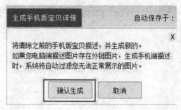

图7-103 确认生成

02 单击"确认生成"按钮之后，手机端的详情页就自动生成了，如图7-104所示。

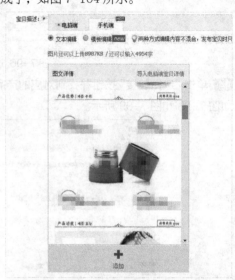

图7-104 生成手机端详情页

7.4.2 上传手机端详情页

在上传完电脑端详情页之后，手机端的则需要重新上传一下，这样用手机看到的详情页就是专门针对手机端设计的界面了。

知识点：上传手机端详情页

01 手机端详情页做好之后，就要进行切图了，之后再将图片放在"图片空间"里面。进入"图片空间"，新建文件夹，将图片重命名为"手机端1"，单击"确定"按钮，将切好的图片上传到该文件夹中，如图7-105和图7-106所示。

图7-105 新建文件夹

第7章 手机端店铺设计与装修

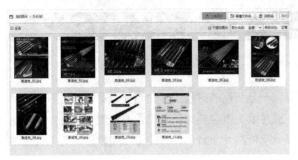

图 7-106 上传产品图片

02 进入详情页页面，单击"宝贝描述"模块右侧的"手机端"按钮，再单击下面的"添加"按钮，之后选择"图片"，如图 7-107 和图 7-108 所示。

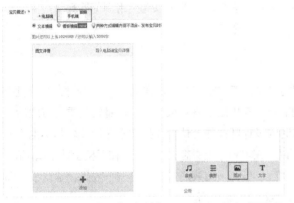

图 7-107 选择"手机端"　　图 7-108 单击"图片"按钮

03 上传的图片要从"图片空间"中选择，然后从左侧找到"手机端1"的文件夹，如果图片没有出现，那就选择全部图片。也可以按上传时间排序的方法找到图片，然后依次选择其中要上传的图片，如图 7-109 和图 7-110 所示。

图 7-109 寻找图片

图 7-110 选中图片

04 将图片按照顺序选定之后，单击"插入"按钮，图片会按照顺序依次上传，最终形成手机端详情页面。如果图片顺序出现了错乱，可以参照未切图之前的界面来调整顺序，调整好之后再发布。用手机浏览和检验一下详情页效果，如有问题可以再进行修改，直到满意为止，如图 7-111 和图 7-112 所示。

图 7-111 插入图片

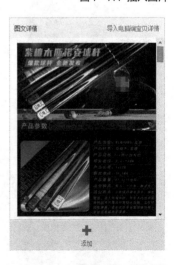

图 7-112 完成上传

203

7.5 本章疑难问题解答

问题1：图片太大，无法上传怎么办？

答： 图片太大上传不了，其原因一般会分为两种情况：一是切图的时候图片的高度过高，超过了手机端的高度限制；二是图片本身太大而超过规定的大小限制。图片太高就需要重新建立参考线进行切图，缩小图片的高度即可。如果图片文件量太大，那导出图片的时候就降低图片质量，或者使用压缩软件进行无损压缩一下。一般来说，图片的总体大小最好不要超过1.2MB。

问题2：如何在手机上查看已领取的店铺或者商品优惠券？

答： 若手机上下载了手机客户端，可以直接登录手机客户端。打开"我的淘宝"，然后选择"卡券包"，在网店优惠券里可以看到账号领取的所有优惠券。若手机上没有客户端，则可以直接用浏览器登录淘宝，然后选择"电脑版"，再选择"我的淘宝 > 我的优惠信息"即可查看优惠券。

问题3：手机端界面的字号为多少合适？

答： 设计手机端界面时，如果选用的是620像素宽的尺寸，正文文字是微软雅黑、26像素时，在手机上浏览的感觉是最舒服的。之前用电脑设计手机端界面的时候，在电脑上看着很合适，但是发给委托方之后，他们总是说文字太小看不清，不停地要求放大字号，这时候设计师往往会认为委托方不懂设计。其实也不能完全埋怨委托方，电脑端跟手机端的尺寸是不同的，不要以为在电脑端上看起来很清晰，在手机上就是清晰的，其实有的界面在手机上显示是很模糊的。所以在设计的时候，自己一定要通过手机看一下效果，确认没问题之后再发给委托方，这样就会减少很多修改的时间，让工作效率大大提高。

第 8 章
切图上传与发布

Photoshop切图　　　装修、发布首页　　　给详情页加链接

8.1 Photoshop切图

首页设计好之后，需要切图并将图片上传到淘宝后台，之后进行首页装修。装修首页需要添加很多链接，淘宝自带的功能只能实现一小部分，要想实现自己设计的首页效果，需要使用一些装修工具，如码工助手、小语言工具等。

首页或者详情页在装修的过程中，切图是很有必要，也是十分重要的一步，不切图没有办法上传和装修，切图不精确会使首页效果参差不齐，装修后的效果与定稿效果图相差甚远。所以切图时要精确，不能有过大的误差。

8.1.1 首页的切图方法

知识点：首页切图

01 首页宽度和导航的参考线在设计首页之前就已经确定了，接下来需要对海报、推荐产品和分类产品等画参考线，参考线之间的模块就是切图后的模块，如图 8-1 所示。

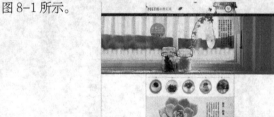

图 8-1 添加参考线

02 在工具箱中选择"切片工具"，选择"基于参考线的切片"后执行切图，如图 8-2 所示。

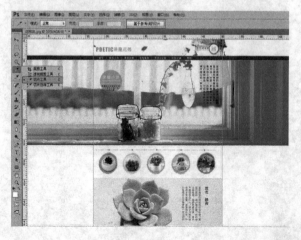

图 8-2 执行切图

03 这一次切图是确定店招的宽度和高度，然后使用"切片工具"对下面的海报和推荐产品等建立新的切片区域，如图 8-3 和图 8-4 所示。

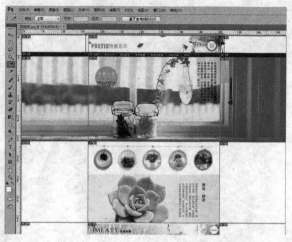

图 8-3 确定店招尺寸

图 8-4 建立新的切片区域

04 切出大致模块之后，执行"文件 > 存储为 Web 所用格式"菜单命令导出切片，如图 8-5 所示。

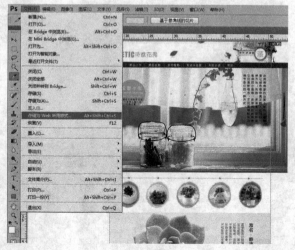

图 8-5 导出切片

05 在弹出的对话框中选择图片格式为 JPEG，品质选择 100，然后单击"存储"按钮。如果设计师按照固定背景设计，超出首页 990 像素的图片要保存为 PNG 格式才会有效果，如图 8-6 所示。

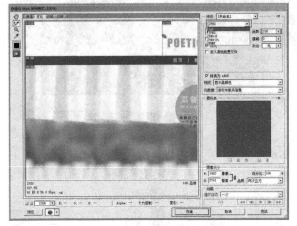

图 8-6 存储设置

06 图片导出之后会被单独存到一个文件夹中，在里面会按照编号进行排列，之后将它们上传到"图片空间"即可，如图 8-7 所示。

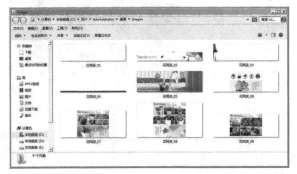

图 8-7 切片展示

07 如果是做全屏店招，需要再次用到"切片工具"调整切片尺寸，使整个店招导航变成一张图片后，再导出图片。为了避免图片覆盖之前导出的图片，在导出的时候可以新建一个文件夹，再将全屏店招和导航的图片进行重命名后放进之前的文件夹，如图 8-8 所示。

图 8-8 调整切片

8.1.2 详情页的切图方法

手机端详情页切图的方法相对于电脑端的来说就简单了，切图的方法有两种。一种是固定大小的切图方式，即水平划分切片，这样每一张切图都是一样的高度。这样做的优点是产品的高度统一，缺点是详情页上面很多产品会被一分为二，有的浏览器不兼容，浏览的时候会出现白色的缝隙而影响美观。另一种是手动划分切片，根据实际情况拖入参考线，再根据参考线确立切片高度。下面为大家介绍一下这两种切图方法。

知识点：详情页切图

1.水平划分切片

01 选择"切片选择工具"，在弹出的"划分切片"对话框中会有两种划分模式：一种是输入划分切片的数量（就是把整个详情页划分为对应的数量），另一种是输入切片的高度（如将 800 像素高的图片导出之后，每张图片都是 800 像素高），如图 8-9～图 8-11 所示。

图 8-9 选择"切片选择工具"

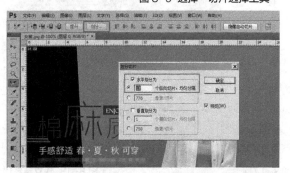

图 8-10 输入划分数量

图 8-11 输入划分高度

02 将图片导出到文件夹，如图 8-12 所示。

图 8-12 导出图片

2.手动划分切片

详情页制作完成之后，手动拖入参考线进行切图是比较理想的办法，不过会慢一些，因为每一张图片的高度不统一。但是这样切出来的每个模块都是完整的图片，不会出现将图片拦腰截断的现象。下面为大家讲解一下手动划分切片的操作方法。

01 打开产品的详情页，按住空格键并单击鼠标右键，选择"实际像素"，界面会恢复到正常浏览详情页时的大小。接着拖入参考线，根据排版对产品进行划分，高度不用太高。画好参考线之后，选择"切片工具"，单击"基于参考线的切片"按钮，系统会自动进行切片处理，如图 8-13 和图 8-14 所示。

图 8-13 建立参考线

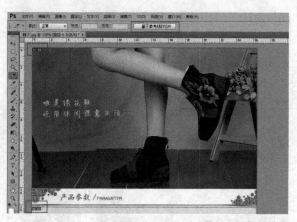

图 8-14 切片处理

02 切图完成之后，执行"文件 > 导出图片"菜单命令进行保存，建议保存在桌面，以方便及时上传到淘宝后台，如图 8-15 所示。

图 8-15 导出切片

8.2 装修、发布首页

将首页进行切图之后，需要进入淘宝后台装修店铺。先将切好的图片上传到淘宝的"图片空间"，然后依次将店招、导航条、轮播海报和推荐产品等页面添加到首页中，之后再通过一些装修工具添加各图片的链接。

8.2.1 装修页头

页头部分包括背景、店招和导航 3 部分，可以先装修背景，然后用"码工助手"工具制作店招导航。

知识点：装修页头

01 进入店铺后台，先对页头部分进行装修。页头跟店招导航不是一体的，要分开装修。之前导出图片的时候，页头尺寸为 1920 像素 ×150 像素，后面直接进行添加就行。选择"页头 > 更换图片"，找到桌面上的文件夹，选定其中的页头图片，单击"确定"按钮即可，如图 8-16 和图 8-17 所示。

图 8-16 进入店铺后台

图 8-17 选定页头图片

02 在"背景显示"中选择"不平铺"，在"背景对齐"中选择"居中"，然后选择"应用到所有页面"，这样页头图片可以在首页、详情页和分类页等页面都能被显示。接下来制作导航条，先对产品进行添加分类的操作，双击导航模块，在弹出的对话框中单击"添加"按钮，如图 8-18 和图 8-19 所示。

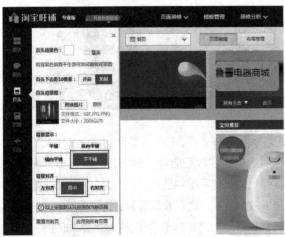

图 8-18 页面装修设置

图 8-19 添加分类

03 这时会弹出各分类的选项，选中对应的产品分类，如果上面没有显示自己需要的分类，可以手动添加，单击"添加手工分类"按钮，如图 8-20 和图 8-21 所示。

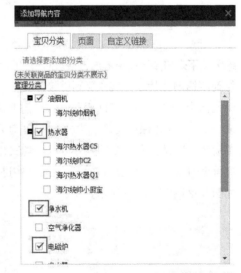

图 8-20 选择分类

图 8-21 手动添加分类

04 输入新分类的标题名,单击"保存更改"按钮,然后添加上新增的产品分类。可以对产品分类的排序进行调整,单击向上和向下的箭头,再单击"确定"按钮即可,如图8-22和图8-23所示。

图 8-22 新建分类

图 8-23 调整顺序

05 接下来需要给店招添加链接。回到"图片空间"找到店招的图片,单击"复制链接"按钮,然后在浏览器上面搜索"码工助手"。这时需要用QQ登录一下,才可以保存代码,以方便下次再使用。"码工助手"网站上有很多特效,可以多尝试几种来增加首页的效果。选择"在线布局",在页面中进行调整,如图8-24和图8-25所示。

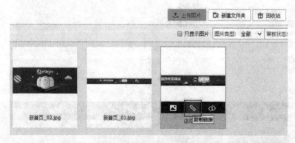

图 8-24 复制店招链接

图 8-25 使用"码工助手"

06 在"模块属性"中输入店招和导航的尺寸:950像素×150像素,店招和导航是做在一张图上的。如果只做店招,高度要改为120像素,在背景图的位置粘贴店招链接。选择"热区"选项,这时会出现一个红色的边框,将边框移动到产品的位置,调整边框的大小使其完全覆盖产品,如图8-26和图8-27所示。

图 8-26 添加图片

图 8-27 添加热区

> **提示**
> 这里的热区是指鼠标经过有链接的区域,热区的尺寸要尽量大一些,需完全覆盖住产品,这样就不会出现客户在单击图片时没有链接的情况了。

07 在"属性面板"上粘贴从"图片空间"复制的店招链接,接下来做收藏店铺的链接。选择热区并将其移动到收藏店铺的文案上面,如图8-28和图8-29所示。

图 8-28 粘贴链接

图 8-29 添加热区

08 回到店铺首页,将鼠标移动到店铺名称的位置,这时会弹出"收藏店铺"的按钮。单击鼠标右键,在弹出的快捷菜单中选择"在新窗口中打开"选项,进入收藏页面。进入收藏页面后,需要输入"旺旺"账号和密码,之后单击"登录"按钮,如图8-30和图8-31所示。

图 8-30 进入收藏页面

图 8-31 登录"旺旺"

09 在新窗口打开页面之后会弹出"收藏店铺"的提示,这时候上面的网址就是收藏店铺的正确网址。选中之后复制一下,回到"码工助手"的页面,在收藏店铺的热区"属性面板"中粘贴链接地址,如图 8-32 和图 8-33 所示。

图 8-32 复制收藏页面链接

图 8-33 粘贴链接

10 接下来给导航条添加链接,先把热区放置在"所有分类"按钮的位置,然后回到店铺首页并单击"所有分类",在弹出的页面中复制链接,如图 8-34 和图 8-35 所示。

图 8-34 建立热区

图 8-35 单击"所有分类"并复制链接

提示

现在将导航条做成了图片,鼠标经过时会弹出下拉菜单,这样的操作方式适合店铺产品不多、分类较少的情况。如果产品种类很多就用店铺自带的配色导航条,添加很多分类之后,鼠标经过就会有颜色变化和弹出下拉菜单。

11 在热区的"属性面板"中输入所有分类的链接,接着用同样的方法给剩下的分类添加热区和对应的链接。热区之间要保持一定的间距,否则单击的时候会出现错乱的情况,如图 8-36 和图 8-37 所示。

图 8-36 粘贴链接地址

图 8-37 添加热区和链接

12 热区和链接都添加成功之后，可以预览一下效果，检查一下对应的链接是否正确，店铺是否能被收藏，准确无误后单击"生成代码"按钮，再单击"导出代码"按钮，如图 8-38 和图 8-39 所示。

图 8-38 预览效果　　　　　　　　　　　　　　　　　　　图 8-39 导出代码

13 将代码导出之后，单击"复制 HTML 代码"按钮，再回到店铺后台，双击店招图片，选择"自定义招牌"按钮，单击"代码"图标，把之前复制的代码粘贴进来。然后再调整模块的高度为 150 像素，最后单击"保存"按钮即可，如图 8-40 和图 8-41 所示。

图 8-40 复制代码　　　　　　　　　　　　　　　　　　　图 8-41 粘贴代码

> **提示**
> 店招默认的高度是 120 像素，图片下面的 30 像素是系统导航条，现在调成 150 像素后，就会显示之前所做的导航条。

14 现在已显示出导航条，就把原来的导航模块替换下来了，但不影响正常使用。发布首页之后，下面的小导航条是不可见的。预览页头效果，检查图片之间没有白边即可完成，如图 8-42 所示。

图 8-42 完成效果

8.2.2 添加轮播海报

添加轮播海报可以让客户多看到几个主推产品，但是不建议放太多，2~3张产品图为宜，图片太多，客户可能也没有时间浏览。用"码工助手"制作的时候，要注意将图片下面的白边去掉，模块间隙为20像素，这样轮播图片跟首页才会无缝对接起来。

知识点：添加轮播海报

01 进入店铺后台的"图片空间"，双击海报会弹出图片的尺寸，记住海报的尺寸，然后单击上面的"复制链接"按钮，如图8-43所示。

图8-43 复制海报链接

02 进入"码工助手"首页，选择"全屏轮播模块"，有淘宝、天猫两种模式可选，根据自己的店铺情况选择即可。去掉模块之间的间隙，把轮播图片的地址和链接地址粘贴上去，调整轮播海报的宽度和高度后基本就完成了，如图8-44和图8-45所示。

图8-44 选择"全屏轮播模块"

图8-45 添加轮播图片的地址和链接

03 轮播图片的展示也可以选择动画的模式,有很多种动态效果可供选择,可以多试几种,选择完之后生成代码。之后单击"复制内容"按钮对代码进行复制,如图8-46和图8-47所示。

图 8-46 设置动画模式

图 8-47 复制代码

04 回到店铺后台,在左侧拖入自定义模块,双击该模块选择"代码"按钮,在里面粘贴代码后单击"确定"按钮,如图8-48和图8-49所示。

05 粘贴代码之后回到首页,看一下轮播图的预览效果,检查图片是否有白边,链接是否正确,如图8-50所示。

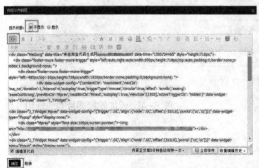

图 8-49 粘贴代码

图 8-48 拖入自定义模块

图 8-50 预览效果

8.2.3 为推荐产品加链接

这里主要放置在线客服和掌柜推荐的内容,方法跟前面添加轮播海报的一样,也是添加热区后再加链接。

知识点:为推荐产品加链接

01 进入店铺后台,找到推荐图片并双击放大,右侧会显示图片的尺寸,然后选择左上角的"复制链接"选项。回到"码工助手"的自定义页面,输入产品尺寸,然后粘贴图片的地址,如图 8-51 和图 8-52 所示。

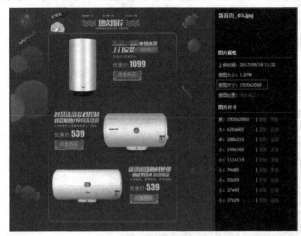

图 8-51 复制链接

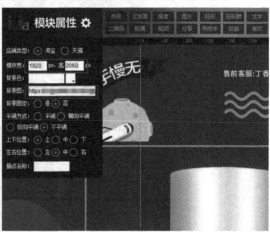

图 8-52 粘贴图片地址

02 单击"旺旺"按钮,会弹出一个带头像的"旺旺"图标,可以根据需要替换该图片,也可以删掉图片只保留"旺旺"图标。在"旺旺"的"属性面板"上面输入"旺旺"账号,如图 8-53 和图 8-54 所示。

图 8-53 选中"旺旺"图标

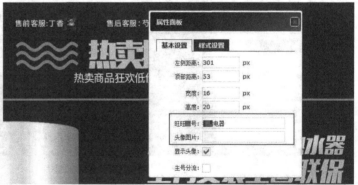

图 8-54 输入"旺旺"账号

03 用同样的方法添加另外两个"旺旺"图标,添加好之后,移动到文案的后面即可。接着给主推产品添加热区,放置在"点击购买"按钮的上面,如图 8-55 和图 8-56 所示。

图 8-55 增加客服旺旺

图 8-56 给主推产品添加热区

04 在热区的"属性面板"中粘贴上对应产品的链接,接着给下面的产品添加热区并粘贴对应的链接,如图 8-57 和图 8-58 所示。

图 8-57 添加热区

图 8-58 粘贴链接

05 用同样的方法给第 3 个产品添加链接,做完之后预览一下页面效果,准确无误后,单击右上角的"生成代码"按钮,如图 8-59 和图 8-60 所示。

图 8-59 给第 3 个产品添加链接　　　　　　　　　图 8-60 生成代码

06 选择"去掉 20 像素"的选项,单击"导出代码"按钮,回到淘宝后台的首页添加自定义模块。双击模块,在弹出的对话框中单击"代码"按钮,粘贴代码后再单击"确定"按钮,这样首页的推荐部分就做好了,如图 8-61 和图 8-62 所示。

图 8-61 导出代码　　　　　　　　　图 8-62 粘贴代码

8.2.4 首页固定背景设置

固定的首页背景可以使整个页面的风格更统一，实现起来也不难，下面为大家讲解具体的操作步骤。

知识点：固定背景设置

01 进入"图片空间"，然后进入首页装修的文件夹里面，单击"上传图片"按钮选择图片进行上传。上传成功之后双击该图片，记录一下图片的尺寸，再单击图片上方的"复制链接"按钮，如图8-63和图8-64所示。

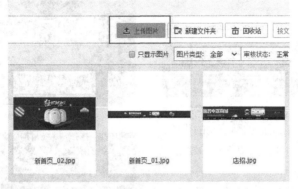

图 8-63 上传图片

图 8-64 复制链接

02 回到"码工助手"首页，单击"固定背景"按钮，在下面粘贴复制的图片链接，如图8-65和图8-66所示。

图 8-65 选择固定背景　　　　　　　　　　　　　　　　图 8-66 粘贴链接

03 单击"生成代码"按钮,然后复制代码。回到淘宝后台中的首页,双击原来的导航模块,如图8-67和图8-68所示。

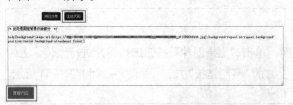

图 8-67 生成代码

图 8-68 进入导航模块

04 单击"显示设置"按钮,在下面粘贴复制的代码,再单击"确定"按钮,然后回到首页预览一下效果,如图8-69和图8-70所示。

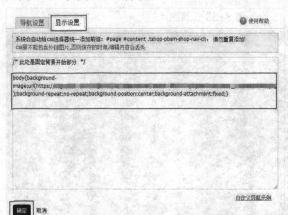

图 8-69 粘贴代码

图 8-70 预览效果

8.2.5 首页底部装修

首页底部上主要放的是产品分类和各种产品,装修的操作方法跟掌柜推荐部分的一样,下面为大家讲解一下首页底部的装修。

知识点:首页底部装修

01 进入"图片空间",找到首页底部的海报图片并双击放大,记下图片尺寸,然后单击左上角的"复制链接"按钮。回到"码工助手"界面,选择"在线布局"并输入图片的尺寸,粘贴图片链接,如图8-71和图8-72所示。

图 8-71 复制链接

图 8-72 粘贴链接

02 单击"导出代码",选择"去掉20像素"选项,然后复制代码,之后再回到淘宝首页,新建一个自定义模块,如图8-73和图8-74所示。

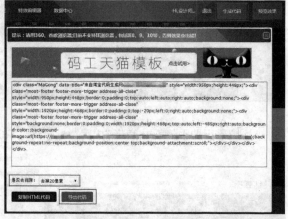

图 8-73 生成、复制代码

图 8-74 新建自定义模块

03 单击"代码"按钮,把代码粘贴到下面的空白处并单击"确定"按钮。回到首页单击预览效果,没有问题后就可以发布首页了,如图8-75和图8-76所示。

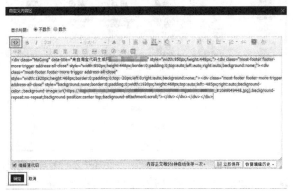

图 8-75 粘贴代码

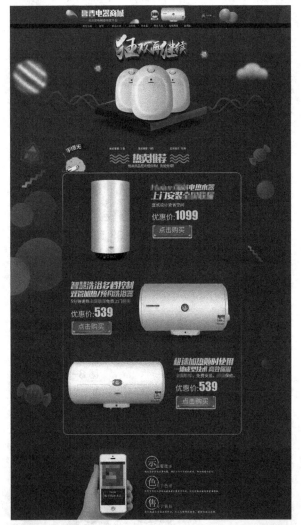

图 8-76 首页效果

8.3 给详情页加链接

详情页大致分为关联产品和正文,关联产品跟掌柜推荐产品一样,都是跟产品有关的衍生品,一排建议放3个产品,每一个产品都得有链接。切图之后如果直接上传图片会出现排版错落等现象,那就需要用 Dreamweaver 软件来进行制作,下面为大家讲解一下给详情页添加链接方法。

8.3.1 添加关联产品

添加关联产品需要用到 Dreamweaver 软件,可以先下载和安装好软件,提前熟悉一下软件界面。

知识点:添加关联产品

01 用 Photoshop 软件制作好关联产品的图片之后,使用参考线对产品进行划分,然后选择"切片工具",再单击"基于参考线的切片"按钮,如图 8-77 和图 8-78 所示。

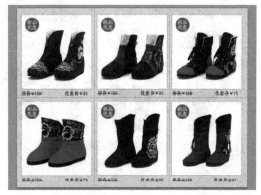

图 8-77 画出参考线

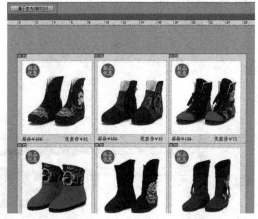

图 8-78 切片

02 划分切片之后，执行"文件>存储为 Web 所用格式"菜单命令，选择 JPEG 格式，品质为 100，单击"存储"按钮，如图 8-79 和图 8-80 所示。

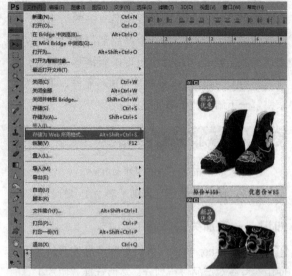

图 8-79 存储图片

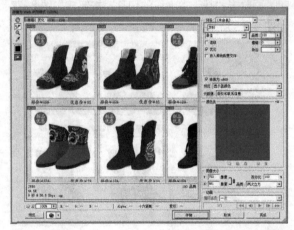

图 8-80 存储设置

03 因为后期要使用 Dreamweaver 软件进行操作，现在要选择导出"HTML 和图像"格式，这个格式的图片可以直接上传到"图片空间"，如图 8-81 和图 8-82 所示。

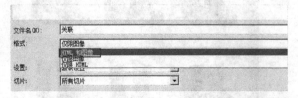

图 8-81 选择存储格式

图 8-82 图片导出完成

04 回到淘宝后台，打开"图片空间"，新建一个文件夹并重命名为"关联图片"，然后单击"上传图片"按钮，找到上一步导出的图片，选中之后单击"上传图片"按钮，如图 8-83 和图 8-84 所示。

图 8-83 新建并重命名文件夹

图 8-84 上传图片

05 导出的产品图片会有编号，一般都会按照编号顺序排列，单击图片，选择"复制链接"按钮。双击打开 Dreamweaver 软件，单击"打开"按钮，如图 8-85 和图 8-86 所示。

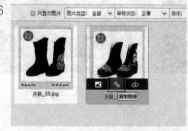

图 8-85 复制链接

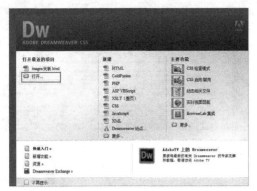

图 8-86 打开软件

06 找到对应的网页并打开页面，原来制作的关联图片模块会展示出来。由于没有对应的图片链接，现在图片是无法显示的状态，但是不影响正常使用，因为模块已经固定了，后期再粘贴图片地址就会正常显示了，如图 8-87 和图 8-88 所示。

图 8-87 打开页面

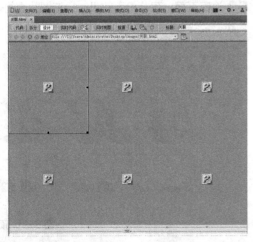

图 8-88 模块显示

07 选中左上角的图片后，"属性"面板中会显示图片的参数，包括尺寸、源文件和链接等。选择"源文件"，在右侧粘贴之前在"图片空间"复制的链接，

这样图片就显示出来了。找到产品对应的详情页打开，之后复制顶部的网址，如图 8-89 和图 8-90 所示。

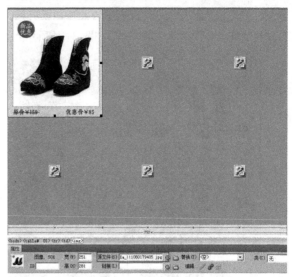

图 8-89 粘贴链接

图 8-90 复制网址

08 将复制好的网址粘贴在下面的"链接"文本框中，这样单击之后就会直接进入该产品的详情页面。回到"图片空间"，选择图片，复制其链接的地址，如图 8-91 和图 8-92 所示。

图 8-91 粘贴网址

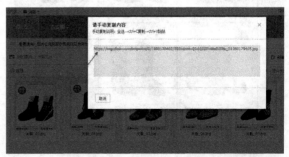

图 8-92 复制链接

09 回到 Dreamweaver 界面，选择第 2 个模块，在下面的"属性"面板的"源文件"文本框中找到对应的产品，复制链接并粘贴到下面的"链接"文本框中，用同样的方法再制作第 3 张图片，如图 8-93 和图 8-94 所示。

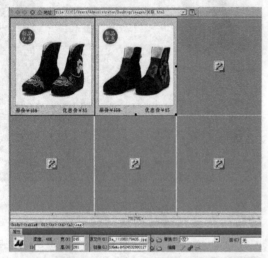

图 8-96 复制代码

11 在淘宝后台选择"发布宝贝"选项，输入产品名称等参数，在"电脑端描述"位置复制代码并粘贴到下面的空白处，如图 8-97 和图 8-98 所示。

图 8-97 选择"发布宝贝"

图 8-93 替换图片和链接

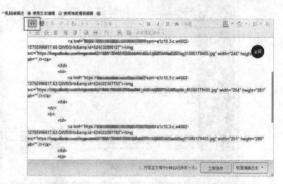

图 8-98 复制并粘贴代码

12 返回页面，预览一下效果，检查图片之间是否有白边，链接是否正确，如图 8-99 所示。

图 8-94 制作第 3 张图片

10 第 1 排的图片和链接都添加成功之后，接着添加第 2 排图片，方法与步骤都是一样的。添加完成之后，可以预览一下页面，看对应的链接是否正确。检查无误后单击上面的"代码"按钮，选定所有的代码进行复制，如图 8-95 和图 8-96 所示。

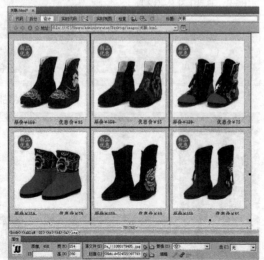

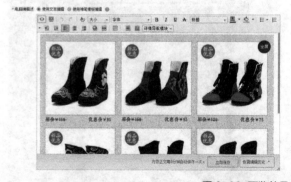

图 8-99 预览效果

8.3.2 添加详情页图片

添加详情页图片的操作方法不太复杂，下面为大家讲解一下具体的操作步骤。

图 8-95 制作其余的图片链接

知识点：添加详情页图片

01 进入"图片空间"，新建文件夹，单击"上传图片"按钮，选择已经导出的切片图片上传，如图 8-100 和图 8-101 所示。

图 8-100 选择"上传图片"

图 8-101 选择图片并上传

02 回到详情页界面，在关联图片的下面单击"上传图片"按钮，在"图片空间"里面找到图片，图片顺序选择"按图片名升序"，如图 8-102 和图 8-103 所示。

图 8-102 单击"上传图片"按钮

图 8-103 查找图片，设置排序

03 依次选择对应的图片，单击"插入"按钮，然后预览一下详情页页面，如图 8-104 和图 8-105 所示。

图 8-104 选择切片图片

图 8-105 预览页面

04 把详情页上面的文案和参数都添加成功之后，就可以发布详情页了，如图 8-106 所示。

图 8-106 发布详情页

8.4 本章疑难问题解答

问题1：首页加载缓慢怎么办？

答：有时候首页放置的产品图片太多，受到客户网速的影响，会出现加载缓慢的情况。这时就需要在首页切图时把图片再细分一些，也可以使用压缩工具对图片进行压缩。压缩图片一般会对图片的质量造成影响，可以选择性地压缩，主要的海报和店招可以选择不压缩，对产品推荐、分类和页尾等可以适当压缩一下。也可以将首页产品图片精简一下，缩短首页的高度，这样无论是手机端还是电脑端的客户都能顺畅地浏览图片了。

问题2：首页改版发布后还能找到之前的首页吗？

答：如果需要重新设计首页的装修版面，一定要把之前没有改版的首页备份一下，备注好页面名称和设计的时间。如果对现在的首页不满意或者需要之前首页的素材，可以选择还原之前备份的版本。需要注意的是，只要不单击"发布首页"按钮，客户是看不到后台首页的页面的，所以尽可能地将图片都检查好了再发布首页。

问题3：装修首页需要精通代码吗？

答: 装修首页牵扯到很多代码问题，很多设计师对此感到比较头疼。以前有网页设计师和前端设计师之分，他们的分工不同，有的只负责代码装修，有的只负责界面设计。随着淘宝行业的发展，越来越多的设计师加入进来，需要淘宝设计师既擅长页面设计，也要懂得代码的使用。不过随着科技的进步，一些辅助装修工具出现，给那些不擅长用代码的设计师提供了很大的帮助。设计师可以突破原有的框架，设计出很多天马行空的创意页面。借助辅助工具，实现了由"飞机稿"到最终稿的愿望，使更多的网店脱颖而出。网上购物的客户以年轻人居多，新潮个性的页面往往更能吸引他们的注意力。